# A LEI GERAL DE PROTEÇÃO DE DADOS E SUAS INTERSECÇÕES COM O DIREITO DO CONSUMIDOR

## FUNDAMENTALIDADE E FRAGMENTAÇÃO DO DIREITO DOS USUÁRIOS DE REDES SOCIAIS

COLEÇÃO FÓRUM
**DIREITO DIGITAL**
E INOVAÇÃO TECNOLÓGICA

**Coordenação**
Marcos Ehrhardt Júnior

**Conselho Editorial da Coleção**
Alexandre Barbosa da Silva
Ana Carolina Brochado Teixeira
Everilda Brandão Guilhermino
Fabiola Albuquerque Lobo
Marcos Catalan
Pablo Malheiros da Cunha Frota
Ricardo Schneider Rodrigues

COLEÇÃO FÓRUM
**DIREITO DIGITAL**
E INOVAÇÃO TECNOLÓGICA

MATEUS MANTOVANI SORGATTO

# A LEI GERAL DE PROTEÇÃO DE DADOS E SUAS INTERSECÇÕES COM O DIREITO DO CONSUMIDOR

## FUNDAMENTALIDADE E FRAGMENTAÇÃO DO DIREITO DOS USUÁRIOS DE REDES SOCIAIS

2

Belo Horizonte

**FÓRUM**
CONHECIMENTO JURÍDICO

2023

COLEÇÃO FÓRUM
**DIREITO DIGITAL**
E INOVAÇÃO TECNOLÓGICA

**Coordenação:** Marcos Ehrhardt Júnior

© 2023 Editora Fórum Ltda.

É proibida a reprodução total ou parcial desta obra, por qualquer meio eletrônico, inclusive por processos xerográficos, sem autorização expressa do Editor.

Conselho Editorial

Adilson Abreu Dallari
Alécia Paolucci Nogueira Bicalho
Alexandre Coutinho Pagliarini
André Ramos Tavares
Carlos Ayres Britto
Carlos Mário da Silva Velloso
Cármen Lúcia Antunes Rocha
Cesar Augusto Guimarães Pereira
Clovis Beznos
Cristiana Fortini
Dinorá Adelaide Musetti Grotti
Diogo de Figueiredo Moreira Neto (*in memoriam*)
Egon Bockmann Moreira
Emerson Gabardo
Fabrício Motta
Fernando Rossi
Flávio Henrique Unes Pereira
Floriano de Azevedo Marques Neto
Gustavo Justino de Oliveira
Inês Virgínia Prado Soares
Jorge Ulisses Jacoby Fernandes
Juarez Freitas
Luciano Ferraz
Lúcio Delfino
Marcia Carla Pereira Ribeiro
Márcio Cammarosano
Marcos Ehrhardt Jr.
Maria Sylvia Zanella Di Pietro
Ney José de Freitas
Oswaldo Othon de Pontes Saraiva Filho
Paulo Modesto
Romeu Felipe Bacellar Filho
Sérgio Guerra
Walber de Moura Agra

**FÓRUM**
CONHECIMENTO JURÍDICO

Luís Cláudio Rodrigues Ferreira
Presidente e Editor

Coordenação editorial: Leonardo Eustáquio Siqueira Araújo
Aline Sobreira de Oliveira

Rua Paulo Ribeiro Bastos, 211 – Jardim Atlântico – CEP 31710-430
Belo Horizonte – Minas Gerais – Tel.: (31) 99412.0131
www.editoraforum.com.br – editoraforum@editoraforum.com.br

Técnica. Empenho. Zelo. Esses foram alguns dos cuidados aplicados na edição desta obra. No entanto, podem ocorrer erros de impressão, digitação ou mesmo restar alguma dúvida conceitual. Caso se constate algo assim, solicitamos a gentileza de nos comunicar através do *e-mail* editoraforum@editoraforum.com.br para que possamos esclarecer, no que couber. A sua contribuição é muito importante para mantermos a excelência editorial. A Editora Fórum agradece a sua contribuição.

Dados Internacionais de Catalogação na Publicação (CIP) de acordo com ISBD

| | |
|---|---|
| S713l | Sorgatto, Mateus Mantovani |
| | A Lei Geral de Proteção de Dados e suas intersecções com o direito do consumidor: fundamentalidade e fragmentação do direito dos usuários de redes sociais / Mateus Mantovani Sorgatto. - Belo Horizonte : Fórum, 2023. |
| | 153p.; 14,5cm x 21,5cm. – (Coleção Fórum Direito Digital e Inovação Tecnológica ; v. 2) Inclui bibliografia ISBN: 978-65-5518-515-7 |
| | 1. Redes Sociais. 2. Proteção de Dados. 2. LGPD. 3. Direito do Consumidor. 4. Lei Geral de Proteção de Dados. 5. Proteção do Consumidor. 6. Marco Civil da Internet. I. Título. II. Série. |
| | CDD: 340.0285 |
| 2023-297 | CDU: 34:004 |

Elaborado por Odilio Hilario Moreira Junior - CRB-8/9949

Informação bibliográfica deste livro, conforme a NBR 6023:2018 da Associação Brasileira de Normas Técnicas (ABNT):

SORGATTO, Mateus Mantovani. *A Lei Geral de Proteção de Dados e suas intersecções com o direito do consumidor*: fundamentalidade e fragmentação do direito dos usuários de redes sociais. Belo Horizonte: Fórum, 2023. 153p. ISBN 978-65-5518-515-7.

## AGRADECIMENTOS

Não me recordo exatamente o dia, lembro-me de que era uma tarde fria e ensolarada do inverno Gaúcho, quando entrei no gabinete daquele que hoje considero um amigo, mas que naquele momento seria meu orientador. Quando conheci o professor Marcos Jorge Catalan, eu tinha uma ideia e uma via impressa da Lei Geral de Proteção de Dados.

A Ideia? Uma pesquisa empírica que expusesse a vulnerabilidade dos usuários de redes sociais e que ajudasse a entender em que medida a LGPD poderia auxiliar na hipervulnerabilidade dos consumidores da era da informação.

A pesquisa virou livro e agradeço aos meus orientadores, Marcos Jorge Catalan e Marcos Ehrhardt Júnior, pela paciência, apoio, confiança e paciência, mas, acima de tudo, pela oportunidade e pelo agradável convívio.

À minha mãe, Diva Mantovani, pelo amor incondicional.

Ao meu irmão, Thiago Mantovani Sorgatto, que mesmo sem saber, contribuiu nos momentos mais difíceis desta caminhada.

Por fim, agradeço à Cristina Dornelles Gandolfi, sem quem nada disso nem mesmo teria acontecido. Minha maior incentivadora, que se manteve ao meu lado em todos os momentos desta caminhada. Muito obrigado.

# SUMÁRIO

APRESENTAÇÃO DA COLEÇÃO ..................................................................9

INTRODUÇÃO ...............................................................................................11

## CAPÍTULO 1
## A FUNDAMENTALIDADE DA PROTEÇÃO DA PRIVACIDADE DOS CONSUMIDORES NO BRASIL ........................................................17
1.1  A constitucionalização do direito privado e suas manifestações teóricas ...............................................................................................17
1.2  Da Privacidade à Proteção de Dados Pessoais ...........................28
1.3  Da Tutela dos Consumidores: do Código à Constituição .....43

## CAPÍTULO 2
## DADOS EMPÍRICOS ...................................................................................53
2.1  Método e metodologia .....................................................................53
2.2  Esquadrinhando contratos havidos entre Facebook, YouTube e usuários ............................................................................................59
2.3  As relações entre os usuários: o *Facebook* e o *YouTube* a partir da lente do observador ...................................................................79

## CAPÍTULO 3
## PROTEÇÃO DE DADOS PESSOAIS .........................................................99
3.1  A proteção de dados no Brasil, em abstrato e em concreto, no alvorecer do século XXI ............................................................99
3.2  A lei geral de proteção de dados, marco civil da *Internet* e sua repercussão na relação entre as redes sociais e seus usuários .............112
3.3  Reflexões sobre as condições gerais de contratação de *Facebook* e *YouTube* ........................................................................................124

CONCLUSÃO ...............................................................................................137

REFERÊNCIAS .............................................................................................143

APRESENTAÇÃO DA COLEÇÃO

## Coleção Fórum Direito Digital e Inovação Tecnológica

A velocidade das mudanças promovida pela utilização de novas tecnologias no mundo contemporâneo tem produzido um evidente impacto nos institutos jurídicos tradicionais, que carecem de ressistematização e uma funcionalização atenta aos legítimos interesses das pessoas envolvidas.

Difícil avaliar o caminho que deve ser seguido, sobretudo quando consideramos os diferentes níveis de desenvolvimento e aplicações concretas das inovações tecnológicas. Entre o desafio de se regular os problemas do presente, e o risco de impedir a inovação e pesquisa que podem acarretar soluções disruptivas para um futuro próximo, especialistas dos mais variados matizes procuram encontrar uma saída que não comprometa a proteção de direitos fundamentais que podem ser ameaçados pelo emprego desmedido de alguns avanços no campo da aplicação de novas tecnologias.

O ponto de partida para refletir sobre os desafios de aplicar um conhecimento que era abordado de modo estático, numa realidade analógica, a um cenário dinâmico de elevada interação digital, é ter acesso a um acervo de qualidade técnica, elaborado mediante uma pesquisa de fontes exemplar, comprometido com análise crítica do contexto fático atual e com uma metodologia que privilegia a pessoa e suas necessidades existenciais em detrimento de aspectos puramente patrimoniais.

Com esses objetivos, apresenta-se a *Coleção Fórum de Direito Digital e Inovação Tecnológica*, criada com a finalidade de servir como um espaço privilegiado para discussão de um direito adequado às demandas do tempo presente. Os livros que forem editados com esse selo têm por objetivo abordar temas que necessitam de maior atenção e debate de operadores jurídicos, quer seja por sua inovação, necessidade de revisão de entendimentos clássicos, quer seja pela nova abordagem que sugerem para enfrentamento de questões controversas relevantes para a melhoria da prestação jurisdicional em nosso país.

Busca-se reunir uma doutrina útil para novas pesquisas e para servir de fonte preferencial para decisões judiciais, servindo de fundamento para a atuação de advogados, promotores, defensores e magistrados. Com a criação desta coleção, a Editora Fórum mais uma vez reafirma seu compromisso com a consolidação e divulgação de doutrina jurídica de qualidade a seus leitores, garantindo um espaço de excelência para o trabalho de todos aqueles que acreditam na pesquisa jurídica como um dos caminhos para a construção de uma sociedade mais justa e solidária.

Maceió/AL, 11 de junho de 2022.

**Marcos Ehrhardt Jr.**
Coordenador

# INTRODUÇÃO

A inserção da sociedade de consumo em um ambiente virtual proporciona um novo cenário no que se refere à interação entre as pessoas com o mundo, criando novos conflitos relacionados à privacidade. Nesse novo espaço marcado pela velocidade e pela agilidade das informações, destaca-se a crescente demanda das pessoas pela inserção nas redes sociais.

Não há dúvida quanto ao crescimento do número de usuários de redes sociais. No Brasil, as mais relevantes são Facebook e Youtube, redes sociais que concentram a maior parte dos usuários desse serviço. Em paralelo a isso, há uma crescente e necessária preocupação em relação à tutela da privacidade. Apesar de essa prática não ser nova, ela começou a ser notada pelo ordenamento jurídico somente no final do século XIX.

Considerando que os dados pessoais são a soma de fatos e acontecimentos que formam a personalidade de cada cidadão, a proteção dos dados pessoais compõe uma das partes essenciais da tutela da dignidade da pessoa humana, mostrando-se essencial para a garantia das liberdades fundamentais.

O tempo e a evolução tecnológica encarregaram-se de transformar a utilização e o tratamento de dados pessoais em um grande negócio. Segundo relatório de consultoria da Frost & Sullivan,[1] o mercado de big data e analytics (BDA) movimentou US$2,48 bilhões na América Latina, liderados por Brasil e México. O Brasil foi o responsável por 46,8% do mercado, gerando uma receita de US$1,16 bilhão. A estimativa é que a América Latina, em 2022, seja responsável por uma receita de US$7,41 bilhões e US$8,5 bilhões até 2023.[2]

Até agosto de 2018, não havia lei específica para a proteção dos dados pessoais no ordenamento jurídico brasileiro, muito embora a tutela prevista na Lei Geral de Proteção de Dados pudesse ser

---

[1] Mercado brasileiro de big data e analytics fatura US$ 1,16 bi e já representa quase 50% da AL. *Computer World from IDG*, 21 de mar. 2017. Disponível em: https://computerworld.com.br/2017/03/21/mercado-brasileiro-de-big-data-e-analytics-fatura-us-116-bi-e-ja-representa-quase-50-da-al/. Acesso em: 14 dez. 2019.

[2] *Ibidem*.

interpretada a partir da leitura da inviolabilidade da intimidade e vida privada (art. 5º, X, da CF), inviolabilidade do sigilo da correspondência e das comunicações telegráficas, de dados e das comunicações telefônicas – art. 5º, XII, CF – e da ação de *habeas data* – art. 5º, LXXII, da Constituição Federal. A partir do desenvolvimento de tecnologias cada vez mais sofisticadas para o tratamento de dados, como a aplicação da inteligência artificial – inclusive para resolução de processos judiciais[3] – e a ampliação da capacidade de armazenamento de informações, torna-se urgente discutir as normativas que tratam sobre privacidade e dados pessoais.

Nesse contexto, deve-se entender que as redes sociais consistem em ferramentas de integração interpessoal na internet que permitem, ao indivíduo, criar e exibir um perfil onde relata suas experiências, publica suas opiniões, posta imagens, *selfies*, vídeos e conversa com outros usuários. Na ânsia pela participação nas redes sociais, os usuários indicam que "leram e aceitaram" as condições gerais de contratação ao criarem seu perfil, mesmo sem terem realizado a devida leitura. Assim, a maioria dos usuários sequer sabe que está cedendo sua privacidade para fazer parte dessas redes sociais.

As redes sociais, a partir da aceitação das condições gerais de contratação, buscam capturar os desejos do consumidor e estimulam a criação de necessidades individuais e coletivas que fomentam a atividade publicitária como motor propulsor do mercado. Além disso, os dados captados por meio desses aplicativos de redes sociais são disponibilizados, ao mercado, em forma de mercadoria, sem que haja o conhecimento e a consciência pela maior parte dos usuários, que são, muitas vezes, atraídos pela "gratuidade" de tais serviços.

Esse evidente conflito entre a crescente demanda por privacidade e a incessante busca pela aceitação e aprovação social por meio das redes sociais deve chamar a atenção do legislador. Deve, também, ser objeto de interesse na comunidade acadêmica para que se busque ferramentas aos serviços disponibilizados pelas redes sociais, sem que isso represente qualquer infração aos direitos fundamentais. Não existe a possibilidade de um país permanecer inerte às diversas mudanças que os avanços da tecnologia (principalmente, das bases de dados) realizam na sociedade.

---

[3] O Tribunal de Justiça do Estado do Rio Grande do Sul faz uso de programa de inteligência artificial para análise de documentos e resolução mais rápida de processos de execução fiscal como recentemente noticiado no site do próprio Tribunal. Notícia disponível em: http://www.tjrs.jus.br/site/imprensa/noticias/?idNoticia=488535.

Essas mudanças atingem diretamente diversos direitos fundamentais dos cidadãos – em especial, para esta pesquisa, dos usuários de redes sociais. Para que isso não ocorra de forma indiscriminada, então, é preciso que seja discutida a formulação de uma regulamentação clara e eficiente de proteção de dados.

Os dados pessoais são considerados elementos essenciais de todas as atividades econômicas na atualidade. A Lei Geral de Proteção de Dados é o marco legal brasileiro mais atual, cuja missão é encontrar o equilíbrio entre a inovação e a eficiência econômica, por um lado, e a preservação dos direitos das pessoas, por outro. Diante desse contexto, o tema proposto para pesquisa trata propriamente da LGPD (Lei Geral de Proteção de Dados) e de sua intersecção com o Direito do Consumidor, sob a perspectiva das redes sociais Facebook e Youtube.

As redes sociais consistem em ferramentas de integração interpessoal na Internet, permitindo, aos usuários, criar e exibir perfis para relatar suas experiências, publicar suas opiniões, postar imagens e vídeos, conversar com outros usuários. Assim, as pessoas podem interagir com uma grande variedade de internautas, sem se preocuparem com limitação espacial, podendo realizar todas essas atividades de qualquer lugar do mundo. Por isso, foram escolhidas as redes sociais Facebook e Youtube para este projeto de pesquisa.

A inserção da sociedade de consumo em um ambiente virtual proporcionou um novo cenário no que se refere à interação das pessoas com o mundo, ocasionando, assim, conflitos que envolvem a privacidade do usuário. Nesse novo espaço marcado pela velocidade e pela agilidade das informações, o indivíduo que se utiliza da web encontra-se suscetível a ter seus dados privados revelados.

O fenômeno da captação e tratamento de dados não se restringe à seara econômica, apresentando inúmeras repercussões na esfera individual da pessoa. Além disso, ocasiona a reestruturação das relações sociais e políticas. É verdade que a coleta de dados não é algo propriamente novo, sendo a história marcada por inúmeras experiências e avanços na tarefa de obter, coletar, registrar e acessar dados. Assim, os dados ganharam importância transversal, tornando-se vetores das vidas e das liberdades individuais, assim como da sociedade e da própria Democracia.

Os dados pessoais dos consumidores sempre foram atraentes para o mercado. Com dados precisos sobre consumidores, é possível organizar um planejamento de produtos e vendas mais eficiente, como, por exemplo, uma publicidade voltada às características dos consumidores.

A abundância de informação passível de ser obtida sobre o consumidor pode aumentar a vulnerabilidade em relação àqueles que detêm a informação pessoal. O acesso do fornecedor a essas informações é capaz de desequilibrar a relação de consumo em várias de suas fases e de consolidar uma nova modalidade de assimetria informacional.[4]

Essa assimetria ultrapassa o poder de influenciar decisões que os fornecedores têm em relação aos consumidores. Criou-se, também, uma nova modalidade de comércio e de negócio em que os dados pessoais deixam de ser mera ferramenta para atingir uma finalidade (direcionamento de publicidade e vendas ao consumidor) para se tornar o próprio fim. A informação pessoal passa a ser um ativo, um produto, passível de tratamento e comercialização. Essa "nova" realidade apresenta novos riscos. A defesa do consumidor estará justamente incumbida de proporcionar respostas a tais riscos, fornecendo tanto proteção contra utilizações abusivas de suas informações como garantias de que suas escolhas sobre a utilização de seus próprios dados serão livres e transparentes.

Em matéria de dados pessoais, a atuação legislativa no Brasil tem sido fragmentada e bastante controversa. Dentre as principais normas sobre o tema, destacam-se: a disciplina proposta pelo próprio CDC (Código de Defesa do Consumidor) aos bancos de dados e cadastros de consumidores (arts. 43 e 44); a Lei nº 12.527/2011, que trata do acesso à informação em face de entes públicos e regulamenta a garantia estabelecida pelo art. 5º, XXXIII, da Constituição Federal; a Lei nº 12.737/2012, de abordagem exclusivamente criminal de ilícitos cibernéticos, conhecida como Lei Carolina Dieckmann; e, também, editada pouco tempo depois, a Lei nº 12.965/2014, a qual instituiu o Marco Civil da Internet – marco bastante controverso, em particular, pela proteção deficitária que seu artigo 19 conferiu às vítimas de conteúdos lesivos postados por terceiros, visto que substituiu o sistema de *notice and take down*, que era aplicado, até então, pela jurisprudência em hipóteses semelhantes.

Nesse cenário, a edição da LGPD – Lei nº 13.709 acena à já longeva demanda por um estatuto da matéria mais abrangente, capaz de conferir certa sistematicidade ao seu tratamento legislativo.[5] Porém, como

---

[4] DONEDA, Danilo. *A proteção de dados pessoais nas relações de consumo*: para além da informação creditícia. Brasília, SDE/DPDC, 2010.
[5] MENDES, Laura Schertel; DONEDA, Danilo. Marco jurídico para cidadania digital: uma análise do Projeto de Lei 5.276/2016. *Revista de Direito Civil Contemporâneo*, v. 9, p. 35-48, 2016. Disponível em: http://ojs.direitocivilcontemporaneo.com/index.php/rdcc/article/view/171. Acesso em: 21 jul. 2021.

ocorre com qualquer estatuto, sua edição traz o risco da interpretação fragmentária e setorial do diploma. Considerando a LGPD, voltada ao direito do consumidor, deve-se pensar que o CDC foi instituído com base nos princípios constitucionais, não havendo qualquer dúvida quanto à fundamentalidade do direito do consumidor. O CDC foi criado para concretizar a proteção e a defesa do consumidor, matérias de ordem pública e interesse social.

Assim, pode-se compreender que as disposições contidas na LGPD presumem-se corresponder à medida da tutela suficiente e adequada para os dados pessoais conforme a ponderação democrática do legislador. Por outro lado, em respeito ao caráter sistemático da ordem jurídica, cuja unidade funda-se na Constituição, a nova lei deve implementar e promover os valores do ordenamento sob pena de se revelar inconstitucional, bem como ser interpretada de forma coerente com as demais normas e institutos do sistema.

É comum que, ao ingressar ou criar um perfil em uma rede social, o usuário depare-se com a necessidade de marcar a opção "Li e Aceito", referente às condições gerais de contratação. Facebook e Youtube são redes sociais que não fogem a essa regra. Para fazer parte dos usuários dessas duas redes sociais, é necessário dizer que leu e aceita todas as condições gerais de contratação.

Partindo dessas premissas e sob a ótica do direito do consumidor, analisou-se a relação entre a captação e o tratamento de dados pessoais a partir da aceitação das condições gerais de contratação dessas duas redes sociais, que estão entre as mais populares do Brasil. Nesse sentido, as indagações surgem para responder se essas condições de contratação estão dentro da legalidade e da constitucionalidade brasileiras.

Sobre a relação entre essas plataformas e os consumidores, analisou-se se os usuários efetuam a leitura completa das condições gerais de contratação, se conseguem compreender seu conteúdo, se tais usuários sabem o que estão cedendo em nome da utilização das redes sociais, se são direitos disponíveis e se os usuários sabem quais os dados estão sendo fornecidos e de que forma podem ser utilizados.

É necessária a verificação da existência de alguma disposição, nessas condições aceitas, que é contrária à lei ou, até mesmo, à Constituição brasileira. Além disso, é importante verificar de que forma a nova legislação (LGPD) afetará a relação entre os usuários e as redes sociais e em que medida haverá necessidade de alteração das condições gerais de contratação das redes sociais, assim como da utilização, do tratamento e da comercialização dos dados obtidos.

Em vista do avanço tecnológico cada vez mais transformador e a recente regulação nacional específica quanto à Proteção de Dados, deve-se trabalhar a evolução recente da legislação referente à internet e à proteção de dados, partindo da constitucionalidade do direito privado e da evolução do conceito de privacidade, até a análise da LGPD e sua repercussão na relação entre as redes sociais e os usuários, passando, necessariamente, pelo esquadrinhamento das condições gerais de contratação.

CAPÍTULO 1

# A FUNDAMENTALIDADE DA PROTEÇÃO DA PRIVACIDADE DOS CONSUMIDORES NO BRASIL

## 1.1 A constitucionalização do direito privado e suas manifestações teóricas

Embora se proclame a supremacia constitucional na atividade hermenêutica, é certo que o direito privado brasileiro ainda não soube incorporar o texto à sua prática. O Estado Democrático de Direito – fundado na soberania, na cidadania e na dignidade da pessoa humana – tem, no Brasil, o advento da Constituição da República Federativa em 1988 como marco histórico inquestionável. Nesse âmbito, a Constituição elegeu, como fundamento da República, a dignidade da pessoa humana. Essa opção colocou a pessoa como centro das preocupações do ordenamento jurídico de modo que todo o sistema, que tem sua orientação e seu fundamento na Constituição, direcionou-se à sua proteção.

Assim sendo, o regramento constitucional centrado nessa perspectiva confere unidade sistemática a todo o ordenamento jurídico.[6] As constituições formais e as codificações de direito privado possuem berço em constituições liberais, frutos da burguesia ascendente que

---

[6] FACHIN, Luiz Edson. *Teoria crítica do direito civil à luz do novo Código Civil Brasileiro*. 3. ed. Rio de Janeiro: Renovar, 2012.

lutava contra o absolutismo monárquico. Dessas constituições liberais, são projetadas a liberdade e a defesa dos interesses privados, por exemplo. "Não ao acaso diferenciam-se por aí Direito Público e Direito Privado".[7]

A partir do constitucionalismo moderno, nenhum ramo do Direito esteve mais distante do direito constitucional do que o direito civil e as relações privadas. Ao longo de sua história (romano-germânica), o direito civil foi identificado como o *locus* normativo privilegiado do indivíduo. Em contraposição às constituições políticas, a codificação privada ditava as regras aplicadas nas relações do homem comum, especialmente, após o processo de codificação liberal.[8] Assim, o direito privado instala seu núcleo na liberdade dos sujeitos que é exercida sobre suas propriedades. Embora o Direito restrinja suas garantias aos proprietários de bens, a legitimação do *status quo* é oferecida pelo discurso de igualdade que se coloca apenas no âmbito formal.[9]

No Brasil, o Código Civil, de 1916, é fruto da doutrina individualista e voluntarista que, consagrada pelo Código de Napoleão e incorporada pelas codificações posteriores, inspiraram o legislador brasileiro quando foi redigido o primeiro Código Civil. Naquele momento, o valor fundamental era o indivíduo. O direito privado tratava de regular, do ponto de vista formal, a atuação dos sujeitos de direito – o contratante e o proprietário – que nada aspiravam senão ao esvaziamento dos privilégios feudais: poder contratar, fazer circular a riqueza, adquirir bens como expansão da própria inteligência e personalidade, extinguir as restrições ou entraves legais dessas reinvindicações. Eis aí a filosofia do século XIX, que marcou a elaboração do tecido normativo consubstanciado no Código Civil, de 1916.[10]

A estrutura social do Brasil guardava linhas mestras na sua Constituição rudimentar no período da elaboração do Código. Nas palavras de Orlando Gomes,[11] o quadro econômico e social, no período de 1899 a 1916, que influenciou, de forma decisiva, a elaboração do Código

---

[7] FACHIN, Luiz Edson. *Direito Civil*: sentidos, transformações e fim. Rio de Janeiro: Renovar, 2015. p. 14.
[8] LÔBO, Paulo. *Direito Civil*: parte geral. 8. ed. São Paulo: saraiva, 2019b.
[9] FACHIN, Luiz Edson. *Direito Civil*: sentidos, transformações e fim. Rio de Janeiro: Renovar, 2015.
[10] TEPEDINO, Gustavo. A tutela da personalidade no ordenamento civil-constitucional brasileiro. *Temas de direito civil*. Rio de Janeiro: Renovar, 2008.
[11] GOMES, Orlando. *Raízes históricas e sociológicas do código civil brasileiro*. São Paulo: Martins Fontes, 2003.

Civil, de 1916, era um sistema basicamente agrário, o qual mantinha o país inserido no contexto colonial, que reduzia a situação econômica brasileira à exportação de matéria-prima e gêneros alimentícios e à importação de artigos fabricados.

Havia o predomínio dos interesses dos fazendeiros que produziam para o mercado internacional e dos comerciantes que importavam para o mercado interno. Como esses interesses eram coincidentes, não havia descontentamentos suficientes a suscitar grandes agitações sociais. Assim, era interessante manter o país subdesenvolvido para os grupos dominantes – burguesia agrária e mercantil –, já que essa era a condição de sobrevivência dos seus privilégios econômicos e da sua ascendência social no meio em que viviam. Sobre isso, Orlando Gomes comenta:

> Como a economia do país estava baseada na exploração da terra por processos primários e dependia do mercado externo, a renda dos fazendeiros só poderia ser obtida mediante desumana exploração do trabalhador rural, realizada, impiedosamente, em larga escala.[12]

Esse interesse, na manutenção dos privilégios, explica as inclinações ideológicas dessa classe dominante que, para os defender, encontrou sua racionalização no liberalismo econômico. Porém, mesmo durante a fase de elaboração do Código Civil, de 1916, em que a burguesia mercantil e agrária ocupou a estrutura legislativa de maneira a garantir seus privilégios, aconteceram tentativas de introdução de leis de caráter social, todavia, sem que essas tentativas tenham alcançado qualquer êxito.[13] A mentalidade dominante conservou-se fiel ao individualismo e ao patrimonialismo jurídico.[14]

---

[12] GOMES, Orlando. *Raízes históricas e sociológicas do código civil brasileiro.* São Paulo: Martins Fontes, 2003. p. 26.

[13] "Nessa fase, foram apresentados vários projetos de lei, que visavam à proteção do trabalhador, notadamente, quando vítima de acidente de trabalho. O primeiro, de autoria do deputado Medeiros e Albuquerque, foi justificado em sessão de 3 de setembro de 1904. (...) Quatro anos depois, o deputado Graccho Cardoso, na sessão de 22 de agosto de 1908, enviou à Mesa da Câmara um projeto de lei em que renovava a iniciativa de Medeiros de Albuquerque. (...) Outro projeto de lei, de autoria do deputado Wenceslau Escobar, é apresentado, no mesmo ano, sobre a mesma matéria. Nenhum, porém, tem andamento. Outra tentativa se faz em 1915. É o Senador Adolfo Gordo quem apresenta novo projeto de lei sobre acidentes de trabalho, insistindo na adoção de medidas inspiradas na doutrina do risco profissional". (GOMES, Orlando. *Raízes históricas e sociológicas do código civil brasileiro.* São Paulo: Martins Fontes, 2003. p. 32-33).

[14] GOMES, Orlando. *Raízes históricas e sociológicas do código civil brasileiro.* São Paulo: Martins Fontes, 2003.

Esse patrimonialismo do espaço privado – que, aqui, sequer cogita a dignidade da pessoa humana como garantia fundamental – acabou por refletir nas codificações do século XIX e do início do século XX. Nesse contexto, a abstração da figura do sujeito de direito está, diretamente, conectada ao patrimonialismo. O centro do ordenamento de direito privado é o sujeito proprietário, uma *persona* conceitual formalmente ao alcance de todos que são, assim, iguais perante a lei.[15]

A codificação civil tratava-se da garantia legal mais elevada quanto à disciplina das relações patrimoniais, resguardando-se contra a ingerência do Poder Público ou de particulares que dificultassem a circulação de riqueza. O direito público, por sua vez, não interferiria na esfera privada, assumindo o Código Civil, portanto, o papel de estatuto único e monopolizador das relações privadas.[16]

> O código almejava a completude, que justamente o deveria distinguir, no sentido de ser destinado a regular, através de situações-tipo, todos os possíveis centros de interesse jurídico de que o sujeito privado viesse a ser titular. Essa espécie de papel constitucional do Código Civil e a crença do individualismo como verdadeira religião marcam as codificações do século XIX e, portanto, o nosso Código Civil de 1916, fruto de uma época que Stefan Zweig, em síntese feliz, designaria como "o mundo da segurança". Segurança – é de se sublinhar – não no sentido dos resultados que a atividade privada alcançaria, senão quanto à disciplina balizadora dos negócios, quanto às regras do jogo. Ao direito civil cumpriria garantir à atividade privada, e em particular ao sujeito de direito, a estabilidade proporcionada por regras quase imutáveis nas suas relações econômicas. Os chamados riscos do negócio, advindos do sucesso ou do insucesso das transações, expressariam a maior ou menor inteligência, a maior ou menor capacidade de cada indivíduo.[17]

As ideias de estabilidade e segurança, intrínsecas ao Código Civil Brasileiro, de 1916, entram em declínio, na Europa, já na segunda metade do século XIX. Apesar disso, tiveram seus reflexos na política legislativa brasileira apenas a partir dos anos de 1920. O processo de industrialização crescente – que era aliado às adversidades do fornecimento de mercadorias e à agitação popular intensificada pela

---

[15] FACHIN, Luiz Edson. *Direito Civil*: sentidos, transformações e fim. Rio de Janeiro: Renovar, 2015.

[16] TEPEDINO, Gustavo. A tutela da personalidade no ordenamento civil-constitucional brasileiro. *Temas de direito civil*. Rio de Janeiro: Renovar, 2008.

[17] TEPEDINO, Gustavo. A tutela da personalidade no ordenamento civil-constitucional brasileiro. *Temas de direito civil*. Rio de Janeiro: Renovar, 2008. p. 03.

eclosão da Primeira Guerra Mundial – atingiram, profundamente, o direito civil – europeu e brasileiro – quando se tornou inevitável a necessidade de intervenção estatal cada vez mais acentuada.[18]

Assim, após a promulgação do Código Civil, de 1916, o legislador viu-se obrigado a fazer uso de leis excepcionais. Essas leis, inicialmente, corroboravam o papel constitucional do Código no que concerne às relações privadas – assim como ensinava a dogmática tradicional –, permitindo que situações não previstas pudessem ser reguladas excepcionalmente pelo Estado. Tal situação, porém, foi sendo alterada, paulatinamente, em função da necessidade do Estado contemporizar os conflitos sociais emergentes e as inúmeras situações jurídicas, suscitadas pela realidade econômica,[19] que não foram contempladas pelo Código.

Além disso, o transcurso da história permite observar que "a disciplina codificada deixa de representar o direito exclusivo, tornando-se o direito comum aplicável aos negócios jurídicos em geral".[20] Isso fez surgir legislações especiais, que foram necessárias para regular os novos institutos surgidos com a evolução econômica e social. Assim, o Código Civil perde, definitivamente, o seu caráter de estatuto único do direito privado. Os textos constitucionais passam, vagarosamente, a definir princípios relacionados aos temas antes reservados exclusivamente, ao direito privado, ao Código Civil e ao império da vontade: "a função social da propriedade, os limites da atividade econômica, a organização da família, matérias típicas do direito privado, passam a integrar uma nova ordem pública constitucional".[21]

A intervenção social passou a ser objeto de constituições em que se buscava, como Estado de coordenação e colaboração, "amortecer a luta de classes" e promover a "justiça social com a paz econômica".[22] Portanto, o Estado passou a ser interventor nas relações econômicas e sociais, tornando-se um "Estado Social". Por esse conceito, entende-se um Estado que atua para ensejar o desenvolvimento – aqui entendido como crescimento econômico e cultural e como impulsionador de mudanças sociais – e a justiça social.[23]

---

[18] TEPEDINO, Gustavo. A tutela da personalidade no ordenamento civil-constitucional brasileiro. *Temas de direito civil*. Rio de Janeiro: Renovar, 2008.
[19] TEPEDINO, Gustavo. A tutela da personalidade no ordenamento civil-constitucional brasileiro. *Temas de direito civil*. Rio de Janeiro: Renovar, 2008.
[20] TEPEDINO, Gustavo. A tutela da personalidade no ordenamento civil-constitucional brasileiro. *Temas de direito civil*. Rio de Janeiro: Renovar, 2008. p. 06.
[21] TEPEDINO, Gustavo. A tutela da personalidade no ordenamento civil-constitucional brasileiro. *Temas de direito civil*. Rio de Janeiro: Renovar, 2008. p. 07.
[22] BONAVIDES, Paulo. *Do Estado liberal ao Estado Social*. São Paulo: Malheiros, 2004.
[23] SUNDFELD, Carlos Ari. *Fundamentos de Direito Público*. 4. ed. São Paulo: Malheiros, 2009.

Buscou-se um modelo de unidade hermenêutica no qual a Constituição é o ápice conformador da elaboração e aplicação da legislação civil. Percebe-se que "a mudança de atitude é substancial: deve o jurista interpretar o Código Civil segundo a Constituição e não a Constituição segundo o Código Civil".[24] As categorias, os conceitos, as classificações e os princípios do direito privado demonstravam absoluto distanciamento da realidade social. A sociedade que serviria de paradigma à codificação civil brasileira e aos fundamentos ideológicos do Estado liberal já estava superada.

Nesse passo, é impossível discordar do professor Paulo Lôbo,[25] que entende, como Estado social, todo aquele que é regido por uma constituição que regula a ordem econômica e social. Estabelece mecanismos jurídicos de intervenção nas relações privadas, econômicas e sociais, nas dimensões legislativa, administrativa e judicial, à tutela dos vulneráveis, tendo, por objeto final, a realização da justiça social, o que leva a inegáveis reflexos nas dimensões materiais do direito civil. Paulo Bonavides entende que:

> O Estado social, por sua própria natureza, é um Estado intervencionista, que requer sempre a presença militante do poder político nas esferas sociais, onde cresceu a dependência do indivíduo, pela impossibilidade em que este se acha, perante fatores alheios à sua vontade, de prover certas necessidades existenciais mínimas.[26]

O Estado liberal havia sido substituído pelo Estado social, cuja característica essencial é a incorporação – além da organização política e dos direitos individuais – da organização social e econômica, o que é refletido nas relações privadas. A Constituição Federal, de 1988, foi a que mais, agudamente, pretendeu regular e controlar os poderes privados com a perseguição da justiça material.[27]

No Brasil, a constitucionalização do direito privado é um fenômeno que tomou corpo a partir da última década do século XX. Esse fato consolidou-se "(...) entre os juristas preocupados com a revitalização do direito civil e sua adequação aos valores que tinham sido consagrados

---

[24] LÔBO, Paulo. *Direito Civil*: parte geral. 8. ed. São Paulo: saraiva, 2019b. p. 49.
[25] LÔBO, Paulo. *Direito Civil*: parte geral. 8. ed. São Paulo: saraiva, 2019b.
[26] BONAVIDES, Paulo. *Do Estado liberal ao Estado Social*. São Paulo: Malheiros, 2004. p. 200.
[27] LÔBO, Paulo. A constitucionalização do direito civil brasileiro. *In*: TEPEDINO, Gustavo. *Direito civil contemporâneo*: novos problemas à luz da legalidade constitucional. São Paulo: Atlas, 2008.

na Constituição de 1988, como expressões das transformações sociais".[28] Os três pilares de base do direito privado – propriedade, família e contrato – recebem uma nova leitura sob a centralidade da Constituição da sociedade e alteram suas configurações, sendo redirecionados de uma perspectiva voltada ao patrimônio e à abstração para outra voltada à dignidade da pessoa humana.[29]

Em relação ao direito dogmático tradicional, ocorreu uma mudança de preocupações, fazendo com que o Direito tenha, como fim último, a proteção da pessoa humana como instrumento para seu pleno desenvolvimento. A Constituição Federal, de 1988, impôs, ao Direito brasileiro, o abandono da postura patrimonialista herdada do século XIX. Assim, migrou-se para uma concepção em que se privilegia o desenvolvimento e a dignidade humana na busca de emancipação.[30]

Por parte do legislador constituinte, houve um cuidado na definição de princípios específicos no que concerne às relações de direito privado – particularmente, quando se trata da propriedade, dos direitos da personalidade, da política nacional das relações de consumo, da atividade econômica privada, da empresa e da família.[31] Assim, deslocou-se a referência localizada no Código Civil para a Constituição.[32]

A constitucionalização do direito privado supre o surgimento do que Gustavo Tepedino[33] e, antes dele, Pietro Perligieri,[34] chamaram de atuação meramente residual do Código Civil. A evolução histórica e social transformou a relação estabelecida entre o Código Civil e a legislação especial antes mencionada em "uma espécie de monossistema onde o Código Civil de 1916 era o grande centro de referência, e as

---

[28] LÔBO, Paulo. A constitucionalização do direito civil brasileiro. *In*: TEPEDINO, Gustavo. *Direito civil contemporâneo*: novos problemas à luz da legalidade constitucional. São Paulo: Atlas, 2008. p. 18.

[29] FACHIN, Luiz Edson. *Direito Civil*: sentidos, transformações e fim. Rio de Janeiro: Renovar, 2015.

[30] FACHIN, Luiz Edson. *Questões do direito civil brasileiro contemporâneo*. Rio de Janeiro: Renovar, 2008.

[31] TEPEDINO, Gustavo; BARBOZA, Heloisa Helena; MORAES, Maria Celina Bodin de. *Código Civil interpretado conforme a Constituição da República*. 3. ed. Ver. e atual. Rio de Janeiro: Renova, 2014. V. I.

[32] PERLINGIERI, Pietro. *O direito civil na legalidade constitucional*. Tradução: Maria Cristina de Cicco. Rio de Janeiro: Renovar, 2008.

[33] TEPEDINO, Gustavo; BARBOZA, Heloisa Helena; MORAES, Maria Celina Bodin de. *Código Civil interpretado conforme a Constituição da República*. 3. ed. Ver. e atual. Rio de Janeiro: Renova, 2014. V. I.

[34] PERLINGIERI, Pietro. *O direito civil na legalidade constitucional*. Tradução: Maria Cristina de Cicco. Rio de Janeiro: Renovar, 2008.

demais leis especiais funcionavam como satélites, ao seu redor".[35] As alterações sociais levaram o legislador à criação de universos isolados que normatizariam matérias inteiras a prescindir do Código Civil.[36]

Em 1978, Natalino Irti chamou de *decodificazione* esse fenômeno do surgimento da diversidade da legislação avulsa, isto é, o surgimento de leis especiais que apartam o caráter sistematizador e orgânico das codificações oitocentistas. A constituição é a salvaguarda do indivíduo, as leis especiais têm seus próprios princípios gerais e há uma diversidade de institutos que se distanciam da disciplina do código civil.

Não é mais possível, assim, colocar o código civil como o centro do sistema do direito privado. A lei nascida como excepcional e provisória protrai-se no tempo e conquista estabilidade em torno de novas leis que surgem, delineando novas normas, com seus princípios gerais e com sua lógica autônoma. Por isso, a relação entre código e leis esparsas não é mais geral e especial, mas, sim, residual e geral. Natalino Irti comenta que as disciplinas residuais do Código seriam como ramos secos que, cedo ou tarde, cairiam do seu velho tronco, absorvidos pelas leis especiais.[37]

Caso o código civil se mostrasse incapaz – até mesmo, por sua posição hierárquica – de informar as regras contidas nos diversos estatutos com princípios estáveis, o texto constitucional poderia fazê-lo, já que, por meio da constituição, o legislador constituinte interveio nas relações de direito privado, determinando os critérios interpretativos de cada uma das leis especiais, reunificando o sistema.[38]

Pode-se verificar a integração hermenêutica do Código Civil com as leis especiais e com a Constituição. Nas relações de consumo, por exemplo, o Código de Defesa do Consumidor (Lei nº 8.078/1990), em seu artigo 4º, determina que a política nacional das relações de consumo "tem por objetivo o atendimento das necessidades dos consumidores, o respeito à dignidade, saúde e segurança, proteção de seus interesses econômicos, a melhoria de sua qualidade de vida, bem como a transparência e harmonia das relações de consumo". Assim, o artigo fixa uma série de princípios a serem atendidos.

---

[35] TEPEDINO, Gustavo; BARBOZA, Heloisa Helena; MORAES, Maria Celina Bodin de. *Código Civil interpretado conforme a Constituição da República*. 3. ed. Ver. e atual. Rio de Janeiro: Renova, 2014. V. I. p. 12.

[36] PERLINGIERI, Pietro. *O direito civil na legalidade constitucional*. Tradução: Maria Cristina de Cicco. Rio de Janeiro: Renovar, 2008.

[37] IRTI, Natalino. L'età della decodificazione. *Diritto e Società*, n. 03-04, 1978.

[38] PERLINGIERI, Pietro. *O direito civil na legalidade constitucional*. Tradução: Maria Cristina de Cicco. Rio de Janeiro: Renovar, 2008.

O CDC (Código de Defesa do Consumidor) é a confirmação do que foi demonstrado até aqui, já que aponta uma ruptura do legislador especial com a técnica regulamentar e patrimonialista do Código Civil vigente na época. Os preceitos do Código de Defesa do Consumidor dão vida ao comando constitucional em favor da dignidade do consumidor "em favor de valores extrapatrimoniais que devem proteger o contratante em situação de inferioridade".[39]

Nesses casos, o CDC[40] prevê a inversão do ônus da prova a ser determinada de maneira a privilegiar os preceitos constitucionais tutelados propriamente pelo ordenamento. O respeito à dignidade, à saúde, à segurança, à proteção dos interesses existenciais, à qualidade de vida, aos interesses econômicos, à atividade econômica livre e concorrencial são alguns dos aspectos que devem guiar os tribunais para dirimir os conflitos no âmbito das relações de consumo. A Constituição Federal, de 1988, estabeleceu, no artigo 5º, inciso XXXII, a proteção constitucional ao direito do consumidor brasileiro, impondo, ao Estado, a promoção dessa defesa, contemplada pelo artigo 170, inciso V, que atribuiu, à defesa do consumidor, o caráter de princípio básico para ordem econômica.

Esses dispositivos constitucionais ganham força positiva no sentido de obrigar o Estado a tomar certas atitudes, inclusive com a intervenção na atividade privada, para proteger determinado grupo, como, por exemplo, os consumidores. Percebe-se, então, uma tendência do legislador a garantir a eficácia prática dos novos direitos fundamentais através da inclusão desses objetivos constitucionais em normas ordinárias de direito privado, como é o caso do Código de Defesa do Consumidor.[41]

Não há dúvida que a Constituição Federal, de 1988, inovou ao incluir o direito do consumidor no rol de direitos e garantias fundamentais (Título I – "Dos Direitos e Garantias Fundamentais", Capítulo I – "Dos Direitos e Deveres Individuais e Coletivos"), assegurando-lhe garantia estatal. Todavia, há de se reconhecer que a defesa do consumidor caracteriza-se como um direito fundamental, principalmente, pela importância do seu conteúdo, ou seja, por sua materialidade.[42]

---

[39] TEPEDINO, Gustavo. A tutela da personalidade no ordenamento civil-constitucional brasileiro. *Temas de direito civil*. Rio de Janeiro: Renovar, 2008. p. 17.
[40] O argumento refere-se à aplicação da regra do inciso VIII do artigo 6º do CDC.
[41] MARQUES, Cláudia Lima. *Contratos no Código de Defesa do Consumidor*. 9. ed. São Paulo: Revista dos Tribunais, 2019.
[42] SARLET, Ingo Wolfgang. *A eficácia dos direitos fundamentais*. 13. ed. Porto Alegre: Livraria do Advogado, 2018.

Trata-se de uma nova interpretação do direito privado com fulcro no princípio da dignidade da pessoa humana. Considerando a evolução do direito constitucional e do direito do consumidor e observando o fato de os consumidores serem a parte vulnerável no mercado de consumo, o tema passa a ser abordado tendo em vista as necessidades dos consumidores e o respeito à sua dignidade, saúde, segurança, interesses econômicos, bem como para melhoria da sua qualidade de vida.[43]

A partir dessa concentração, a publicização e a constitucionalização do direito privado são abordadas, pela literatura jurídica, em relação ao fenômeno que interpreta as relações de consumo sob a perspectiva constitucional. No caso da proteção ao consumidor, o Constituinte, de 1988, não satisfeito em estabelecer tal proteção como princípio, direito e garantia individual (art. 5º, XXXII, da CF) e como princípio da ordem econômica e social (art. 170, V, da CF), ordenou que o legislador ordinário organizasse um Código de Defesa do Consumidor, em 120 dias, no artigo 48, do Ato das Disposições Transitórias, da Constituição Federal, de 1988. A Constituição elevou essa, que poderia ser uma política ou uma regra, a um princípio e, não satisfeita, ainda assegurou a concretização desses direitos, exigindo sua regulamentação em corpo sistemático de leis.[44]

Portanto, deve-se pensar na proteção constitucional do consumidor de modo macro, enxergando-a como direito que deve ser garantido e, efetivamente, protegido pelo Poder Público, e não como um direito disponível a ser tutelado da forma que melhor convenha aos detentores de poder econômico. Esses direitos como produtos culturais antagonistas situam-se no meio dessas propostas, evitando que sejam reduzidos a meras pautas jurídicas.[45]

O papel do Estado na proteção dos consumidores é de promoção. Em outras palavras, deve assegurar, de forma afirmativa, que o Judiciário, o Executivo e o Legislativo realizem, positivamente, a proteção dos consumidores. É um direito fundamental que demanda uma atuação protetiva do Estado, incluindo as três esferas de Poder. Essa atuação inclui a proteção contra as atuações do próprio Estado (liberdade), mas,

---

[43] GRINOVER, Ada Pellegrini; BENJAMIN, Antonio Herman Vasconcellos; FINK, Daniel Roberto et al. *Código de Defesa do Consumidor*: comentado pelos autores do anteprojeto. 10. ed. Rio de Janeiro: Forense Universitária, 2011.

[44] MARQUES, Claudia Lima; BENJAMIN, Antônio Herman Vasconcellos; MIRAGEM, Bruno. *Comentários ao Código de Defesa do Consumidor. Arts. 1º a 74*: Aspectos Materiais. 6. ed. São Paulo: Revista dos Tribunais, 2019.

[45] HERRERA FLORES, Joaquín. *Teoria crítica dos direitos humanos*: os direitos humanos como produtos culturais. Rio de Janeiro: Lúmen Juris, 2009.

também, impõe uma atuação positiva no sentido de tutelar e proteger o hipossuficiente.[46] A proteção constitucional do consumidor e as obrigações do Estado daí decorrentes são:

> (...) princípio constitucional impositivo, a cumprir dupla função, com instrumento para a realização do fim de assegurar a todos, existência digna e objetiva particular a ser alcançado. No último sentido, assim a função de diretriz – norma objetivo – dotada de caráter constitucional conformador, justificando a reinvindicação pela realização de políticas públicas.[47]

Não é possível analisar o direito do consumidor fora do contexto atual, em que existe um mandamento constitucional de proteção dos consumidores, inserido em um direito privado complexo, com um Código Civil (Lei nº 10.406/2002), o Código de Defesa do Consumidor e resquícios do direito comercial. O aspecto distintivo do direito do consumidor como ramo especial do direito privado é a identificação desse sujeito de direitos e a construção do regramento orgânico para o proteger a partir da efetivação de seus direitos.[48] Essa identificação do novo sujeito de direitos pode ter conotações contemporâneas fortes.[49]

A vulnerabilidade, mais do que presunção legal que orienta a tutela dos consumidores, deve ser percebida como axioma que justifica e impõe a proteção de um grupo heterogêneo de seres humanos e que é responsável por impulsionar boa parte da riqueza que circula no Brasil. Deve ser identificada, portanto, como o pilar que sustenta a própria existência do direito do consumidor.[50] Como regra, a vulnerabilidade do consumidor distingue-se em técnica, jurídica, fática e informacional.[51]

---

[46] MARQUES, Claudia Lima; BENJAMIN, Antônio Herman Vasconcellos; MIRAGEM, Bruno. *Comentários ao Código de Defesa do Consumidor. Arts. 1º a 74*: Aspectos Materiais. 6. ed. São Paulo: Revista dos Tribunais, 2019.

[47] GRAU, Eros Roberto. *A ordem econômica na Constituição de 1988 (interpretação e crítica)*. 19. ed. São Paulo: Revista dos Tribunais. 2018. p. 260.

[48] AZEVEDO, Antonio Junqueira de. O direito pós moderno. *Revista USP*, São Paulo, n. 42, p. 96-101, jun./ago. 1999.

[49] MARQUES, Claudia Lima; MIRAGEM, Bruno. *O novo direito privado e a proteção dos vulneráveis*. São Paulo: Revista dos Tribunais, 2012.

[50] CATALAN, Marcos Jorge. Uma ligeira Reflexão acerca da hipervulnerabilidade dos consumidores no Brasil. In: DANUZZO, Ricardo Sebastián (Org.). *Derecho de Daños y contratos*: desafíos frente a las problemáticas del siglo XXI. 1. ed. Resistencia: Contexto, 2019.

[51] MARQUES, Cláudia Lima. *Contratos no Código de Defesa do Consumidor*. 9. ed. São Paulo: Revista dos Tribunais, 2019.

Na vulnerabilidade técnica, o comprador não possui conhecimentos específicos sobre o objeto que está adquirindo e, portanto, é mais facilmente enganado quanto às características de sua utilidade. A vulnerabilidade jurídica e/ou científica, por sua vez, corresponde à falta de conhecimentos específicos, como os jurídicos, os de contabilidade ou os de economia. Já a vulnerabilidade fática e/ou socioeconômica refere-se ao poder econômico, em que a sua concentração está no fornecedor ou mesmo por conta da essencialidade do serviço. Por fim, a vulnerabilidade informacional, na qual ocorre o *déficit* de informação do consumidor em relação ao produto ou serviço.[52]

A fundamentalidade do direito relativo à proteção do consumidor é de fácil identificação e compreensão tanto no seu aspecto formal quanto material. A fundamentalidade formal é inequívoca, haja vista a expressa redação do texto constitucional (art. 5º, XXXII). A material decorre do vínculo que existe entre a dignidade e a proteção do consumidor na medida em que essa busca, ao fim, realizar uma necessidade básica, ou seja, a necessidade de consumir na sociedade atual. É importante lembrar que todas as pessoas são consumidoras em algum tempo ou em um dado número de relações jurídicas, o que denota o caráter universal e atemporal da questão.[53]

Como se vê, a constitucionalização do direito privado é mais do que um critério hermenêutico formal quando é entendida como inserção constitucional dos fundamentos jurídicos das relações civis. O conteúdo conceitual, a natureza, as finalidades, os institutos básicos do direito civil – família, propriedade e contrato – não são mais os mesmos do individualismo jurídico e da ideologia liberal. O indivíduo proprietário sai de cena para revelar a dignidade da pessoa humana. Assim, os princípios e as regras constitucionais devem direcionar a realização do direito em seus variados planos.[54]

## 1.2 Da Privacidade à Proteção de Dados Pessoais

É contemporânea a preocupação com a garantia da privacidade. Durante muito tempo, a forma pela qual o direito abordou essa questão foi pela associação à busca de alguma forma de isolamento, refúgio ou

---

[52] MARQUES, Claudia Lima; MIRAGEM, Bruno. *O novo direito privado e a proteção dos vulneráveis*. São Paulo: Revista dos Tribunais, 2012.

[53] MIRAGEM, Bruno. O Direito do Consumidor como Direito Fundamental. *In*: MARQUES, Cláudia Lima; MIRAGEM, Bruno (Orgs.). *Doutrinas Essenciais de Direito do Consumidor Vol. II*. São Paulo: Revista dos Tribunais, 2010.

[54] LÔBO, Paulo. *Direito Civil*: parte geral. 8. ed. São Paulo: saraiva, 2019b.

segredo. A formação do conceito de privacidade, entretanto, parece direcionar a discussão aos elementos referentes a necessidades diversas, como a busca da igualdade, da liberdade de escolha, do anseio em não ser discriminado. Além disso, a privacidade está fortemente ligada à personalidade e ao seu desenvolvimento.[55]

O avanço da tecnologia trouxe implicações no comportamento das pessoas no meio social e, em consequência, nas questões afeitas à privacidade. Compras pela Internet, conversas por aplicativos de mensagens e *chats*, encontros e desencontros por meio de redes sociais são alguns dos pontos responsáveis por essa mudança comportamental. As redes sociais *online*, em especial, assumiram um papel relevante no interesse das pessoas pela vida alheia.

De tempos em tempos, verifica-se a defasagem entre a carga semântica de um conceito e o que ele efetivamente representa. É essa defasagem que serve de ponto de partida à análise das transformações em relação ao conceito de privacidade. Essa análise pode ocorrer na verificação de como a noção de privacidade do século XXI se formou e, em especial, como ela uniu-se a outros elementos para criar a proteção de dados. "A noção de privacidade, em si, não é recente – com os diversos sentidos que apresenta, pode ser identificada nas mais variadas épocas e sociedades"[56]. Apesar disso, a privacidade começou a ser concretamente abordada pelo ordenamento jurídico somente no final do século XIX.

Não havia lugar para a tutela jurídica da privacidade praticamente em sociedades nas quais o comportamento humano estava condicionado à outra ordem de mecanismos. Esses aspectos podem ser rígidas hierarquias sociais, separações de espaços público e privado, neutralizações de um ordenamento jurídico de caráter corporativo e patrimonialista ou, ainda, uma noção de privacidade que representa um sentimento subjetivo que não deveria ser tutelado. "No final do século passado, era relativamente simples avaliar a posição legal de um homem cuja privacidade havia sido invadida – as portas do tribunal estavam fechadas para ele".[57,58]

---

[55] DONEDA, Danilo Cézar. *Da privacidade à proteção de dados pessoais*. 2. ed. São Paulo: Thomson Reuters Brasil, 2019.

[56] DONEDA, Danilo Cézar. *Da privacidade à proteção de dados pessoais*. 2. ed. São Paulo: Thomson Reuters Brasil, 2019. p. 29.

[57] Tradução livre para: "*As the last century drew to end, it was relatively simple to evaluate the legal position of a man whose privacy had been invaded - the doors of the courthouse were closed to him*".

[58] MILLER, Arthur. *Assault on privacy*. Ann Arbor: University of Michigan, 1971. p. 184.

O despertar do direito para a privacidade ocorre, justamente, no período em que muda a percepção da pessoa humana pelo ordenamento e no qual houve a juridificação de vários aspectos da vida cotidiana.[59] O conceito tradicional de privacidade nasceu em 1890, durante o Estado Liberal, em Boston, em repulsa aos ataques da imprensa americana, e teve, como objetivo, a proteção do indivíduo do chamado *yellow journalism*. Expressões como "direito de estar só" ou de "ser deixado em paz" (*the right to be alone*) foram cunhadas como reconhecimento do direito à privacidade como um direito patrimonial e não um direito de personalidade.[60]

É possível observar uma clara linha evolutiva no conceito de privacidade, inicialmente reconhecido como um direito de propriedade do indivíduo em si mesmo. O ser humano teria direito não somente à integridade física ou psíquica, mas, também, à reputação e ao prestígio. Assim, os limites da propriedade ultrapassariam o corpo humano. O indivíduo é proprietário de sua privacidade, e não é dada, nem ao Estado e nem à sociedade, a possibilidade de usurpar esse direito, já que é absoluto.[61]

Essa natureza negativa do direito à privacidade, de ser propriedade do indivíduo e impor uma barreira intransponível de vedação à intromissão, foi substituída pela natureza de direito da personalidade, ou seja, direito não patrimonial inerente à pessoa, compreendido no núcleo essencial da dignidade da pessoa humana.[62]

Doneda afirma que:

> Em seus primórdios, marcada por um individualismo exacerbado e até egoísta, portava a feição do direito de ser deixado só. A esse período remonta o paradigma da privacidade como uma *zero-relationship*, pelo qual representaria, no limite, a ausência de comunicação entre uma pessoa e as demais. Essa concepção foi o marco inicial posteriormente

---

[59] BRANDEIS, Louis Dembitz; WARREN, Samuel Dennis. The right to privacy. *Harvard Law review*, v. IV, n. 05, dez. 1890. Disponível em: http://groups.csail.mit.edu/mac/classes/6.805/articles/privacy/Privacy_brand_warr2.html. Acesso em: 06 abr. 2020.

[60] NERY, Maria Carla Moutinho. Se você gostou dê um like. *In*: JÚNIOR, Marcos Ehrhardt, LOBO, Patrícia Albuquerque. *Privacidade e sua compreensão no direito brasileiro*. Belo Horizonte: Fórum, 2019.

[61] BRANDEIS, Louis Dembitz; WARREN, Samuel Dennis. The right to privacy. *Harvard Law review*, v. IV, n. 05, dez. 1890. Disponível em: http://groups.csail.mit.edu/mac/classes/6.805/articles/privacy/Privacy_brand_warr2.html. Acesso em: 06 abr. 2020.

[62] LÔBO, Paulo. Direito à privacidade e sua autolimitação. *In*: JÚNIOR, Marcos Ehrhardt, LOBO; Patrícia Albuquerque. *Privacidade e sua compreensão no direito brasileiro*. Belo Horizonte: Fórum, 2019.

temperado por uma crescente consciência de que a privacidade seria um aspecto fundamental da realização da pessoa e do desenvolvimento da sua personalidade.[63]

Mesmo hoje, com a privacidade consagrada como um direito fundamental, ainda existem alguns traços do contexto individualista do qual é originária. Dificilmente, isso seria diferente, já que possui um grande potencial de ressaltar as individualidades na vida em sociedade. Deve-se observar de que se trata de um direito que foi qualificado como tipicamente burguês na idade de ouro da privacidade – a segunda metade do século XIX,[64] ou seja, no apogeu do liberalismo jurídico clássico.

Há, como se vê, um elo de continuidade entre a privacidade prevista por seus "fundadores" – Louis Dembitz Brandeis e Samuel Dennis Warren – e o complexo problema que se formou, em especial, quanto à captação, ao tratamento e à comercialização de dados pessoais.[65] A noção de privacidade era reservada a indivíduos bem determinados quando esse direito foi inserido em ordenamentos jurídicos de cunho eminentemente patrimonialista. Esse elitismo, que marcou a acolhida da privacidade, durou, como modelo majoritário, pelo menos, até a década de 1960.[66]

Vários motivos contribuíram para a inflexão do modelo, um dos mais importantes, pode-se dizer, fora os desdobramentos dos movimentos sociais,[67] alterando o relacionamento entre cidadãos e entre cidadão e Estado, em uma demanda generalizada por direitos. Isso resultou no fenômeno da constitucionalização do direito privado e no

---

[63] DONEDA, Danilo Cézar. *Da privacidade à proteção de dados pessoais*. 2. ed. São Paulo: Thomson Reuters Brasil, 2019. p. 30.

[64] RODOTÀ, Stéfano. *A vida na sociedade da vigilância*: a privacidade hoje. Coord. Maria Celina Bodin de Moraes. Trad. Danilo Doneda e Luciana Cabral Doneda. Rio de Janeiro: Renovar, 2008.

[65] DONEDA, Danilo Cézar. *Da privacidade à proteção de dados pessoais*. 2. ed. São Paulo: Thomson Reuters Brasil, 2019.

[66] WITHMAN, James. *The two western cultures of privicy*: dignity versus liberty. 113 Yale La Journal, 2004.

[67] Em um contexto marcado por grandes lutas nos anos 1960, os movimentos sociais aqui referidos tratam da perspectiva indicada por Marx, Weber e Durkheim, para quem esses movimentos foram a sustentação de uma revolução, a institucionalização de um novo poder burocrático e maior coesão social respectivamente. Na passagem do século XIX para o século XX, ganham destaque os sindicatos que, ao se institucionalizarem como movimentos, buscavam defender os trabalhadores da exploração patronal, inspirados nos ideais marxistas. Na década de 1960, as sequelas da Segunda Guerra Mundial e a tensão causada pela Guerra Fria fizeram surgir movimentos, no mundo todo, com pautas diversificadas.

crescimento do fluxo de informações – que foi uma das consequências do desenvolvimento tecnológico – correspondente à capacidade técnica crescente de captação, processamento e utilização de informações.[68]

A proteção da personalidade humana foi, em geral, avaliada como insuficiente após a Segunda Guerra Mundial. Houve o surgimento de uma sensibilidade diante de toda a forma de menosprezo da dignidade humana e da personalidade. Ao mesmo tempo, percebeu-se que as possibilidades de realizar atos relacionados a tal menosprezo (não somente por parte do Estado, mas, também, por associações ou indivíduos) tinham se multiplicado devido ao desenvolvimento da tecnologia.[69]

A Segunda Guerra Mundial foi um acontecimento que asfaltou um caminho para tendências que já vinham se manifestando. Nesse contexto, é que se fortalece a ideia de Estado Social – em que o ordenamento jurídico assume as funções de estabelecer e promover a proteção e dignidade da pessoa humana, por meio de uma Constituição que deixa de ser um instrumento basicamente político para se tornar o ponto de convergência de todo o ordenamento. Essa mudança veio acompanhada do aumento da complexidade das relações sociais, cada vez mais institucionalizadas e trazidas para dentro da esfera.[70]

> Assim, a tecnologia, em conjunto com as mudanças ocorridas no tecido social, vai definir diretamente o contexto atual no qual a informação pessoal e a privacidade atualmente se relacionam; portanto, qualquer análise sobre esses fenômenos deve lavar em consideração o vetor da técnica como um dos seus elementos determinantes. Sem perder de vista que o controle sobre a informação foi sempre um elemento essencial na definição de poderes dentro de uma sociedade, a tecnologia opero especificamente a intensificação dos fluxos de informação e, consequentemente, de suas fontes e seus destinatários. Essa mudança, a princípio quantitativa, acaba por influir qualitativamente, mudando a natureza e os eixos de equilíbrio na equação entre poder – informação – pessoa – controle. Isso implica a necessidade de conhecer a nova estrutura de poder vinculada a essa nova arquitetura informacional.[71]

---

[68] DONEDA, Danilo Cézar. *Da privacidade à proteção de dados pessoais*. 2. ed. São Paulo: Thomson Reuters Brasil, 2019.

[69] LARENZ, Karl. Tractado de Derecho Civil Alemán. *Revista de Derecho Privado*, Madrid, 1980.

[70] DONEDA, Danilo Cézar. *Da privacidade à proteção de dados pessoais*. 2. ed. São Paulo: Thomson Reuters Brasil, 2019.

[71] DONEDA, Danilo Cézar. *Da privacidade à proteção de dados pessoais*. 2. ed. São Paulo: Thomson Reuters Brasil, 2019. p. 30.

Portanto, no transcorrer do século XX, o que se observou foi a constitucionalização da valorização da pessoa humana, tendo o Brasil adotado essa situação na Constituição de 1988. Nesse passo, internalizou-se o sentido de direito fundamental como o resultado da personalização e positivação constitucional de determinados fundamentos, retratando o núcleo substancial da ordem normativa,[72] que é intimamente relacionado com a própria ideia de dignidade da pessoa humana.

Assim, na perspectiva da constitucionalização do direito privado, o direito à privacidade é uma espécie de direito da personalidade e, como tal, encontra fundamento constitucional no direito à intimidade, à vida privada, à honra, bem como na inviolabilidade da casa, do sigilo e dos dados pessoais do indivíduo.[73] Na perspectiva das relações pessoais, a informação, e, portanto, a privacidade dessas informações, assume importância diante de seus pressupostos diversos. Pode-se estabelecer, de início, dois fatores que estão quase sempre entre as justificativas à utilização de informações pessoais: a eficiência e o controle. Uma série de interesses articula-se em torno desses dois fatores, envolvendo tanto o Estado como os entes privados.[74]

O destaque reativo de preocupações pelas quais a privacidade deve ser protegida não fornece uma estrutura adequada para o entendimento quanto a sua proteção. Direitos à privacidade, como aqueles protegidos pela Carta Europeia de Direitos Fundamentais, por exemplo, exigem uma estrutura que descreva positivamente os parâmetros da privacidade.[75] Uma dessas estruturas é apresentada por Roger Clarke,[76] que identificou quatro categorias diferentes de privacidade, o que lhe permitiu proteções específicas.

Essa estruturação, voltada ao ser humano, inclui a privacidade das pessoas (*privacy of the person*), que está relacionada à integridade do corpo de uma pessoa, incluindo, aqui, a proteção contra intrusões

---

[72] SARLET, Ingo Wolfgang. *A eficácia dos direitos fundamentais*. 13. ed. Porto Alegre: Livraria do Advogado, 2018.
[73] NERY, Maria Carla Moutinho. Se você gostou dê um like. *In*: JÚNIOR, Marcos Ehrhardt, LOBO, Patrícia Albuquerque. *Privacidade e sua compreensão no direito brasileiro*. Belo Horizonte: Fórum, 2019.
[74] DONEDA, Danilo Cézar. *Da privacidade à proteção de dados pessoais*. 2. ed. São Paulo: Thomson Reuters Brasil, 2019.
[75] FINN, Rachel; WRIGHT, David; FRIEDWALD, Michael. *Seven Types of Privacy*. Londres: Trilateral Research & Consulting, 2013.
[76] CLARKE, Roger. *Introduction to Dataveillance and Information Privacy, and Definitions of Terms*. Xamax Consultancy, 1997.

físicas *(physical intrusions)*. Também está incluída, na estrutura de Clarke, a privacidade do comportamento pessoal *(privacy of personal behaviour)*, que inclui uma proteção contra a divulgação de informações confidenciais, como, por exemplo, religiosidade, sexualidade ou atividades políticas. A terceira categoria de privacidade apresentada pelo autor é a privacidade da comunicação pessoal *(privacy of personal communication)*, que se refere à restrição ao monitoramento de comunicações telefônicas e virtuais, assim como a proteção contra a interceptação de comunicação através de microfones ocultos. Por fim, a quarta categoria trata da privacidade dos dados pessoais *(privacy of personal data)* e refere-se à privacidade dos dados de um indivíduo.[77]

Apesar de importante, a estrutura formulada por Roger Clarke, na década de 1990, foi superada pela passagem do tempo e pela evolução tecnológica. Essa evolução faz com que as categorias de privacidade e proteção não sejam mais suficientes para responder à variedade de problemas atuais que podem se apresentar.[78]

Em função dessa necessidade, sete tipos de privacidade foram desenvolvidos e apresentados por Rachel Finn, David Wright e Michael Friedwald. Assim como Clarke, os autores referem-se à privacidade da pessoa, que abrange o direito de manter em sigilo as funções e características do corpo – como os códigos genéticos e a biometria. O segundo tipo é a privacidade de comportamento e ação, que inclui questões como preferências e hábitos sexuais, políticos, religiosos etc. Essa noção de privacidade refere-se às atividades que ocorrem em espaços públicos ou privados.[79] A possibilidade de agir em espaço público ou privado sem que as ações sejam monitoradas ou controladas contribui para "o desenvolvimento e exercício da autonomia e liberdade de pensamento e ação".[80,81]

O terceiro tipo referido trata da privacidade da comunicação e busca evitar a interceptação de comunicações, incluindo correio, uso de

---

[77] CLARKE, Roger. *Introduction to Dataveillance and Information Privacy, and Definitions of Terms*. Xamax Consultancy, 1997.
[78] FINN, Rachel; WRIGHT, David; FRIEDWALD, Michael. *Seven Types of Privacy*. Londres: Trilateral Research & Consulting, 2013.
[79] FINN, Rachel; WRIGHT, David; FRIEDWALD, Michael. *Seven Types of Privacy*. Londres: Trilateral Research & Consulting, 2013.
[80] Tradução livre de: "*the development and exercise of autonomy and freedom in thought and action*".
[81] NISSENBAUM, Helen. *Privacy in Context*: Technology, Policy and the Integrity of Social Life. Stanford: Stanford University Press, 2010. p. 82.

*bugs*, microfones direcionais, comunicação telefônica com ou sem fio. O quarto tipo de privacidade inclui preocupações em garantir que os dados dos indivíduos não estejam automaticamente disponíveis para outros indivíduos ou organizações, assim como que as pessoas possam exercer um grau de controle sobre esses dados. Essa é a privacidade de dados e imagens.[82]

O estudo realizado para identificar o impacto da tecnologia na privacidade revelou que essas possuem potencial para impactar na privacidade de pensamento e sentimentos, o que se consubstancia no quinto tipo referido pelos autores. Há, ainda, a privacidade de localização e espaço, que está relacionada ao direito de se movimentar em espaços públicos ou privados, sem ser identificado, rastreado ou monitorado. Por fim, há a privacidade de associação, que se preocupa com o direito das pessoas de se associarem com quem desejarem sem que haja o monitoramento.[83]

O que se verifica, assim, é que a noção tradicional de privacidade restrita à intimidade e ao direito de ser deixado só não é mais compatível com a complexidade dos desafios inerentes à economia movida a dados e vigilância. Não é possível imaginar, por exemplo, que o problema da circulação de informações pessoais possa ser solucionado somente a partir das noções correntes de privacidade.[84] Como afirma Doneda, "deve-se valer da consciência de seus desdobramentos e da constatação de que a *privacy* hoje compreende algo muito mais complexo do que isolamento ou tranquilidade".[85]

A privacidade talvez não mais se confunda apenas com o que é secreto. Isso induz à conclusão de que "(...) pode-se dizer que hoje a sequência quantitativamente mais relevante é a pessoa-informação-circulação-controle" e não apenas pessoa-informação-sigilo, em relação a qual fora construída a ideia de privacidade.[86]

---

[82] FINN, Rachel; WRIGHT, David; FRIEDWALD, Michael. *Seven Types of Privacy*. Londres: Trilateral Research & Consulting, 2013.
[83] FINN, Rachel; WRIGHT, David; FRIEDWALD, Michael. *Seven Types of Privacy*. Londres: Trilateral Research & Consulting, 2013.
[84] FRAZÃO, Ana. Fundamentos da proteção dos dados pessoais – Noções introdutórias para a compreensão da importância da Lei Geral de Proteção de Dados. *In*: FRAZÃO, Ana; TEPENDINO, Gustavo; OLIVA, Milena Donato. *Lei Geral de Proteção de Dados Pessoais e suas repercussões no Direito Brasileiro*. 1. ed. São Paulo: Thomson Reuters Brasil, 2019.
[85] DONEDA, Danilo Cézar. *Da privacidade à proteção de dados pessoais*. 2. ed. São Paulo: Thomson Reuters Brasil, 2019. p. 31.
[86] SOLOVE, Daniel. *Understanding privacy*. Cambridge: Harvard University Press, 2008. p. 08.

Ainda sobre essa discussão específica, Moraes afirma que:

> A privacidade, hoje, manifesta-se, portanto, na capacidade de se controlar a circulação das informações. Saber quem as utiliza, significa adquirir, concretamente, um poder sobre si mesmo. Trata-se de uma concepção qualitativa diferente da privacidade como "direito à autodeterminação informativa" o qual concede a cada um de nós um real poder sobre as nossas próprias informações, os nossos próprios dados.[87]

O discurso sobre a privacidade, cada vez mais, gira em torno de questões relacionadas a dados pessoais e, portanto, à informação. O papel da informação como ponto de referência de muitas relações jurídicas é flagrante e a sua importância à sociedade pós-industrial é igualmente visível.[88] Há que se observar, entretanto, que, apesar de "informação" e "dado" possuírem conteúdo que se sobrepõe em diversas circunstâncias, cada um deles possui suas peculiaridades que devem ser consideradas.

O "dado" apresenta conotação mais primitiva e fragmentada, podendo ser entendido como uma informação em estado potencial para futura transmissão. Estaria associado a uma espécie de pré-informação, que é anterior à interpretação e ao processo de elaboração. A "informação", por sua vez, alude a algo além da representação contida no dado, chegando ao limiar da cognição.[89] Mesmo sem aludir ao seu significado, já se pressupõe a depuração de seu conteúdo na informação e, por isso, conclui-se que ela carrega, em si mesma, um sentido instrumental de redução de um estado de incerteza.[90]

Deve-se lembrar que o termo "informação" está muito associado a determinados fundamentos em certos contextos – por exemplo, "liberdade de informação" ou "direito a informação" como fundamento de uma imprensa livre, assim como a "informação pré-contratual" do Código de Defesa do Consumidor.[91] Apesar disso, o que, hoje, destaca a informação de seu significado histórico é a maior desenvoltura na

---

[87] MORAES, Maria Celina Bodin de. *Na medida da pessoa humana*: estudos de direito civil-constitucional. Rio de Janeiro: Renovar, 2010. p. 142.
[88] DONEDA, Danilo Cézar. *Da privacidade à proteção de dados pessoais*. 2. ed. São Paulo: Thomson Reuters Brasil, 2019.
[89] DONEDA, Danilo Cézar. *Da privacidade à proteção de dados pessoais*. 2. ed. São Paulo: Thomson Reuters Brasil, 2019.
[90] WACKS, Raymond. *Personal information*. Oxford: Claredon Press, 1989.
[91] DE CARVALHO, Luis Gustavo Graninetti. *Direito de informação e liberdade de expressão*. Rio de Janeiro: Renovar, 1999.

sua manipulação, ou seja, da sua coleta e seu tratamento até a sua comunicação. Essa diferença possui uma causa identificada, a tecnologia. Ao incrementar as relações sociais, as comunicações digitais favorecem o crescimento de uma variedade de formas pelas quais a informação pode ser armazenada e utilizada.[92]

Ao campo do Direito, o relevante é que essa crescente importância se traduz no fato de que uma considerável parcela das liberdades individuais, hoje, é concretamente exercida em estruturas ou plataformas nas quais a comunicação e a informação possuem papel fundamental. Essa situação não é contemplada em uma concepção mais tradicional de informação e de privacidade, justamente, porque não considera a questão da informação de forma direta, mas, sim, suas manifestações específicas – liberdade de expressão, liberdade de imprensa, patentes industriais. Assim, entende-se que "a informação em si considerada costuma – ou costumava – permanecer como uma categoria alheia à análise jurídica".[93]

Como se vê em vários aspectos, a questão transcende às noções tradicionais de informação (dado) e privacidade e exige sua compreensão em conexão com outros direitos e garantias fundamentais.[94] Do ponto de vista da proteção de dados, a privacidade volta-se às informações inerentes à pessoa enquanto membro de uma sociedade, podendo se apresentar de variadas formas, como, por exemplo, as informações genéticas, as sexualidades, as crenças religiosas, o perfil de consumo e de busca na internet,[95] dados bancários, senhas de aplicativos etc.

A internet, em especial, por meio das redes sociais, revela se uma pessoa viajou ou não, quais os países que conheceu (assim como o período de sua estada), quais são seus hábitos de consumo, quais suas preferências culinárias, quais os serviços dos quais faz uso, quais músicas e filmes são seus preferidos e assim por diante. No ambiente competitivo em que se vive, em que os dados são objetos comerciais

---

[92] DONEDA, Danilo Cézar. *Da privacidade à proteção de dados pessoais*. 2. ed. São Paulo: Thomson Reuters Brasil, 2019.

[93] DONEDA, Danilo Cézar. *Da privacidade à proteção de dados pessoais*. 2. ed. São Paulo: Thomson Reuters Brasil, 2019. p. 138.

[94] FRAZÃO, Ana. Fundamentos da proteção dos dados pessoais – Noções introdutórias para a compreensão da importância da Lei Geral de Proteção de Dados. *In*: FRAZÃO, Ana; TEPENDINO, Gustavo; OLIVA, Milena Donato. *Lei Geral de Proteção de Dados Pessoais e suas repercussões no Direito Brasileiro*. 1. ed. São Paulo: Thomson Reuters Brasil, 2019.

[95] NERY, Maria Carla Moutinho. Se você gostou dê um like. *In*: JÚNIOR, Marcos Ehrhardt; LOBO, Patrícia Albuquerque. *Privacidade e sua compreensão no direito brasileiro*. Belo Horizonte: Fórum, 2019.

extremamente valiosos que alcançaram o status de mercadoria, todos os agentes econômicos passaram a agir dessa maneira, aumentando o volume de dados que passaram a disponibilizar na rede. O indivíduo passou a depender do mundo virtual em face da disponibilidade e do acesso remoto dos dados, ou seja, sem a necessidade da presença física do agente.[96]

Os dados pessoais passaram a constituir fonte de incalculável lucro para empresas provedoras desses dados, prejudicando a privacidade de seus titulares. Como afirma Paulo Lôbo, esses novos processos econômicos encontram-se "no denominado capitalismo de vigilância, baseado na mais-valia comportamental, o qual transita ao lado do Estado de vigilância da contemporaneidade".[97] Assim, os controladores de dados criaram um sistema desenhado não para tratar os titulares de dados de maneira adequada, mas para maximizar seus lucros ou colocar a inovação acima de qualquer outro valor.[98] Em 2010, Mark Zuckerberg, cocriador e cofundador do *Facebook* (uma das sociedades empresárias provedoras de rede social mais importantes), chegou a afirmar que "a era da privacidade chegou ao fim".[99]

A difusão atual dos meios de comunicação, amplificada com a revolução informática da chamada sociedade da informação, levou, ao extremo, as potencialidades de invasão da privacidade das pessoas – não apenas pelo Estado, mas, sobretudo, pelas empresas e por indivíduos. As empresas de comércio eletrônico estão utilizando programas invasores que coletam informações sobre as pessoas para induzi-las ao consumo de seus produtos e serviços. Muitas vezes, isso ocorre com a colaboração das próprias pessoas, que prestam informações aparentemente inofensivas sobre dados de sua intimidade e vida privada.[100]

---

[96] BARROS, Augusto Paes de. *Trilhas em segurança da informação*: caminhos e ideias para a proteção de dados. Rio de Janeiro: Brasport, 2015.

[97] LÔBO, Paulo. Direito à privacidade e sua autolimitação. *In*: JÚNIOR, Marcos Ehrhardt, LOBO; Patrícia Albuquerque. *Privacidade e sua compreensão no direito brasileiro*. Belo Horizonte: Fórum, 2019. p. 24.

[98] PASQUALE, Frank. *The black box Society*: The secret algorithms that control money and information. Cambridge: Harvard University Press, 2015.

[99] KIRKPATRICK, Marshall. Facebook's Zuckerberg Says The Age of Privacy Is Over. *NY Times*, 10 jan. 2010. Disponível em: https://archive.nytimes.com/www.nytimes.com/external/readwriteweb/2010/01/10/10readwriteweb-facebooks-zuckerberg-says-the-age-of-privac-82963.html?pagewanted=1&scp=1&sq=facebook%2520privacy&st=cse. Acesso em: 09 abr. 2020.

[100] LÔBO, Paulo. Direito à privacidade e sua autolimitação. *In*: JÚNIOR, Marcos Ehrhardt, LOBO; Patrícia Albuquerque. *Privacidade e sua compreensão no direito brasileiro*. Belo

As redes sociais *online*, que são utilizadas por bilhões de pessoas, são organizadas por algoritmos que definem o que devemos ver e quantos dos nossos amigos devem visualizar um conteúdo que publicamos, entre outras ações. O resultado desses filtros seriam bolhas que reúnem e interligam aqueles que têm o mesmo padrão e as mesmas características.[101]

> A maior parte das pessoas imagina que, ao procurar um termo no Google, todos obtemos os mesmos resultados – aqueles que o PageRank, famoso algoritmo da companhia, classifica como mais relevantes, com base nos *links* feitos por outras páginas. No entanto, desde dezembro de 2009, isso já não é mais verdade. Agora obtemos o resultado que o algoritmo do Google sugere ser melhor para cada usuário específico – e outra pessoa poderá encontrar resultados completamente diferentes.[102]

Ao expandir as tecnologias de armazenamento, processamento e distribuição de dados e ao gerar uma intensa digitalização de nossos registros cotidianos, a sociedade informacional tornou o mercado de dados um dos segmentos mais importantes da economia mundial. Esse fluxo intenso de dados orientou o desenvolvimento tecnológico na direção da personalização das vendas. A busca por vendas personalizadas é a procura por dados sobre cada possível comprador. Esses dados revelam perfis detalhados do passado e do presente, gerando informações necessárias para a captura desses consumidores, a partir do conhecimento do que os agrada e o que poderá os encantar no futuro.[103]

Do ponto de vista econômico, os dados importam na medida em que podem ser convertidos em informações necessárias ou úteis para a atividade econômica. O ponto de partida, portanto, é a coleta de dados, cada vez mais maciça e, muitas vezes, realizada sem o consentimento dos titulares dos dados.[104] Se o cidadão não consegue saber nem mesmo quais são os dados que são coletados, têm dificuldades ainda maiores

---

Horizonte: Fórum, 2019.
[101] PASQUALE, Frank. Rankings, reductionism, and responsibility. *Cleveland State Law Review*, v. 54, 2006.
[102] PARISER, Eli. *O filtro invisível*: o que a internet está escondendo de você. Rio de Janeiro: Zahar, 2012. p. 05.
[103] DA SILVEIRA, Sérgio Amadeu. *Democracia e os Códigos Invisíveis*: como os algoritmos estão mudando comportamentos e escolhas políticas. São Paulo: Sesc São Paulo, 2019.
[104] FRAZÃO, Ana. Fundamentos da proteção dos dados pessoais – Noções introdutórias para a compreensão da importância da Lei Geral de Proteção de Dados. *In*: FRAZÃO, Ana; TEPENDINO, Gustavo; OLIVA, Milena Donato. *Lei Geral de Proteção de Dados Pessoais e suas repercussões no Direito Brasileiro*. 1. ed. São Paulo: Thomson Reuters Brasil, 2019.

para compreender as inúmeras destinações que a eles podem ser dadas, bem como a extensão do impacto em suas vidas.

Os dados pessoais têm sido utilizados por governos e grandes empresas como forma de saber tudo sobre os usuários, ao passo que esses pouco sabem sobre como suas informações têm sido utilizadas por governos e por grandes empresas. Tudo isso acontece por meio de um monitoramento constante sobre cada passo da vida das pessoas, cuja principal consequência é a constituição de uma sociedade de vigilância.[105]

A monetarização dos dados pessoais foi uma tendência amplamente antecipada e que, hoje, é vital para uma parcela bastante representativa de novos serviços e produtos. Os dados pessoais são o "novo óleo" da internet e a nova moeda do mundo digital.[106] Nesse passo, as preocupações a respeito da relação entre *Big Data* e a crescente consolidação de uma sociedade de vigilância não são recentes. Ainda em 2004, Richard Thomas, então Comissário da Informação (*Information Commissioner*) do Reino Unido, já alertava para os perigos do fenômeno que via ocorrendo em seu país e que descrevia como um "sonambulismo em uma sociedade de vigilância" (*sleepwalking into a surveillance Society*).[107]

A informação pessoal costuma ser referida como a matéria-prima dos novos processos econômicos e sociais desencadeados na Sociedade da Informação. A informação pessoal, especificamente, desponta como uma verdadeira *commodity*, em torno da qual surgem novos modelos de negócio que, de uma forma ou de outra, procuram extrair valor monetário do intenso fluxo de informações pessoais proporcionado pelas modernas tecnologias da informação. Nesse cenário, é mais do que natural que a informação (dado) assuma grande relevância tanto como um bem jurídico quanto como um bem econômico.[108]

A relação de um "espelho de mão única" (*one-way mirror*) – modelo em que um lado da equação tem acesso a todas as informações (governos e grandes empresas) e o outro não tem acesso a nada (usuários) – faz com que, cada vez mais, haja um governo das informações

---

[105] PASQUALE, Frank. *The black box Society*: The secret algorithms that control money and information. Cambridge: Harvard University Press, 2015.
[106] DONEDA, Danilo. *A proteção de dados pessoais nas relações de consumo*: para além da informação creditícia. Brasília, SDE/DPDC, 2010.
[107] LLOYD, Ian. *Information Technology Law*. Oxford: Oxford University, 2017.
[108] DONEDA, Danilo. *A proteção de dados pessoais nas relações de consumo*: para além da informação creditícia. Brasília, SDE/DPDC, 2010.

pessoais dos indivíduos, comandado por um *network* de atores que age às sombras, mobilizando dinheiro e mídia para ganhos privados, mesmo quando agem oficialmente em nome do negócio ou do governo.[109]

> Apesar da indústria de dados ter se alicerçado em um ativo que não é dela – os dados pessoais – e que, muitas vezes, tem sido explorado de forma ilícita, tal modo de proceder sempre foi acompanhado de justificativas relacionadas às eficiências geradas e ao benefício e vantagens que, de maneira "gratuita" ou acessível, são disponibilizados aos usuários, os quais muitas vezes não percebem que, ao "pagarem" pelos serviços com seus dados pessoais, são o verdadeiro produto nesse tipo de negócio.[110]

Dessa forma, o mercado de dados cresce a partir da difusão da ideia de que o modelo de negócios é justo, já que o usuário receberia contrapartida adequada pelo uso de seus dados. Há, também, a difusão da ideia de que haveria um *trade off* entre inovação e privacidade, ou seja, a violação da privacidade seria o preço a pagar – ou o mal necessário – para o progresso tecnológico e os novos serviços que daí decorrem.

Sobre isso, Frazão afirma que:

> Até a forma como a questão é apresentada já reflete a perspectiva utilitarista que permeia a análise, pois se parte da premissa de que, em nome da inovação, é justificável o sacrifício de direitos fundamentais elementares.[111]

Em 2014, a *Federal Trade Commission* (Comissão Federal de Comércio) norte-americana realizou mapeamento da indústria de dados e do papel dos *data brokers*. Foram compilados dados de mais de 2.600 empresas. O Relatório "*Data Brokers: A call for transparency and accountability*" (Data Brokers: um pedido de transparência e responsabilidade) aponta algumas conclusões:

---

[109] PASQUALE, Frank. *The black box Society*: The secret algorithms that control money and information. Cambridge: Harvard University Press, 2015.

[110] FRAZÃO, Ana. Fundamentos da proteção dos dados pessoais – Noções introdutórias para a compreensão da importância da Lei Geral de Proteção de Dados. *In*: FRAZÃO, Ana; TEPENDINO, Gustavo; OLIVA, Milena Donato. *Lei Geral de Proteção de Dados Pessoais e suas repercussões no Direito Brasileiro*. 1. ed. São Paulo: Thomson Reuters Brasil, 2019. p. 30.

[111] FRAZÃO, Ana. Fundamentos da proteção dos dados pessoais – Noções introdutórias para a compreensão da importância da Lei Geral de Proteção de Dados. *In*: FRAZÃO, Ana; TEPENDINO, Gustavo; OLIVA, Milena Donato. *Lei Geral de Proteção de Dados Pessoais e suas repercussões no Direito Brasileiro*. 1. ed. São Paulo: Thomson Reuters Brasil, 2019. p. 31.

Os *data brokers* coletam informações sobre os consumidores de diversas e numerosas fontes comerciais, governamentais e públicas (incluindo nesta última mídias sociais, blogs e Internet);

Os *data brokers* não usam apenas os dados crus, mas também os chamados dados derivados, que são as interferências já realizadas a partir dos dados crus;

Os *data brokers* combinam dados obtidos *on-line* e *off-line* para atingirem os consumidores *on-line*;

Parte expressiva da coleta de dados ocorre sem o conhecimento dos consumidores;

Qualquer que seja a metodologia utilizada, os *data brokers* coletam mais informações do que usam;

Os *data brokers* coletam e armazenam bilhões de dados que, na época da pesquisa já cobriam praticamente todos os consumidores norte-americanos – alguns dos sistemas analisados agregavam histórico de compras de 190 milhões de consumidores individuais.[112]

A violação da privacidade e dos dados pessoais tornou-se, então, um lucrativo negócio que, baseado na monetização de dados, possibilita a acumulação de um grande poder que se retroalimenta indefinidamente. A privacidade, nas últimas décadas, reuniu uma série de interesses ao redor de si, o que modificou, substancialmente, o seu perfil. Pode-se verificar que o direito à privacidade não mais se estrutura em torno do eixo "pessoa-informação-segredo" em um paradigma de *zero-relationship*, mas no eixo "pessoa-informação-circulação-controle".[113] Sobre isso, Moraes afirma que:

> A privacidade, hoje, manifesta-se, portanto na capacidade de se controlar a circulação das informações. Saber quem as utiliza, significa adquirir, concretamente, um poder sobre si mesmo. Trata-se de uma concepção qualitativamente diferente da privacidade como direito à autodeterminação informativa o qual concede a cada um de nós um real poder sobre nossas próprias informações, os nossos próprios dados.[114]

---

[112] FEDERAL TRADE COMMISSION. *Data brokers*: a call for transparency and accountability. Disponível em: https://www.ftc.gov/system/files/documents/reports/data-brokers-call-transparency-accountability-report-federal-trade-commission-may-2014/140527databrokerreport.pdf Acesso em: 13 abr. 2020.

[113] RODOTÀ, Stéfano. *A vida na sociedade da vigilância*: a privacidade hoje. Coord. Maria Celina Bodin de Moraes. Trad. Danilo Doneda e Luciana Cabral Doneda. Rio de Janeiro: Renovar, 2008.

[114] MORAES, Maria Celina Bodin de. *Na medida da pessoa humana*: estudos de direito civil-constitucional. Rio de Janeiro: Renovar, 2010.

Evidentemente, a ampliação da discussão quanto à privacidade não afasta a importância do sentido clássico de privacidade como intimidade. As pessoas ainda precisam de um "santuário" onde estejam livres do controle da sociedade, "possam deixar suas máscaras e exercer suas verdadeiras identidades".[115] As pessoas precisam, nas palavras de Shoshana Zuboff (2019), do *"right to sanctuary"*, que seria aquele espaço de refúgio inviolável, mas que, hoje, está sob o ataque do capitalismo de vigilância.

## 1.3 Da Tutela dos Consumidores: do Código à Constituição

Como visto na primeira parte deste capítulo, o paradigma individualista que domina as relações privadas até meados do século XX passa a ceder espaço a novos interesses reconhecidos pelo Estado. A intervenção estatal ocorre em favor do sujeito reconhecido como vulnerável e tem, por objetivo, a recomposição da igualdade jurídica, corrigindo elementos de desigualdades das relações.[116]

Os atores sociais da economia da sociedade contemporânea são trabalhadores, produtores e consumidores. Durante o século XIX e boa parte do século XX, os conflitos sociais foram entre trabalhadores e patrões. A partir de meados do século XX, foi agregado outro tipo de conflito, resultado do que Neil McKendrik[117] chamou de o outro vértice da estrutura econômica industrial.

Em que pese possuírem algumas semelhanças, a relação consumidor e produtor é mais complexa do que a relação capital e trabalho. Na relação de consumo, diferentemente do que ocorre com a relação de trabalho, em que as definições dos polos são claras e precisas, o que se tem é uma dinâmica própria em que os sujeitos ora estão em um lado da relação, ora em outro.[118]

O surgimento da sociedade de consumo é resultado da revolução industrial e, junto a ela, surgem conflitos pelo acesso ao consumo de bens seguros e à garantia da informação plena a respeito dos produtos

---

[115] SOLOVE, Daniel. *Understanding privacy*. Cambridge: Harvard University Press, 2008. p. 164.
[116] MIRAGEM, Bruno. *Curso de Direito do Consumidor*. 6. ed. São Paulo: RT, 2016.
[117] MCKENDRICK, Neil. *The consumer Society*. Bloomington: Indiana University Press, 1982.
[118] COMPARATO, Fábio Konder. *A proteção do consumidor*. Importante capítulo do direito econômico. Direito do consumidor, v. 1. Tradução. São Paulo: Ed. Revista dos Tribunais, 2011.

e serviços colocados no mercado.[119] O direito do consumidor surge, então, como resposta a esses novos conflitos trazidos pela sociedade do consumo:

> O direito do consumidor é uma resposta aos novos problemas que a sociedade de consumo trouxe, ou seja, os problemas da demanda que nasceram do desenvolvimento da sociedade industrial. Estamos falando de algo muito específico: das dificuldades e riscos que as pessoas sofrem, ou podem sofrer, pelo simples fato de terem nascido em uma época em que tudo se transforma em mercadoria a ser comercializada E em grande velocidade.[120]

A construção da proteção dos consumidores foi um processo que começou no início do século XX, ganhou força após a Segunda Guerra Mundial e se consolidou, de forma mais contundente, nas décadas de 1970 e 1980, especialmente, na Europa. "Os anos de 1970 e 1980 testemunharam a eclosão e a multiplicação de organizações de defesa e de regras positivas, tanto na França como nos países vizinhos".[121,122] Em Portugal, tal fenômeno também foi percebido. Ao escrever sobre a formação do direito do consumidor, Carlos Ferreira de Almeida (1982) destaca o surgimento de organizações de incidência econômica que tinham, como finalidade, o desenvolvimento da "qualidade de vida – de que a proteção dos consumidores é o aspecto material mais importante".[123]

No Brasil, o Código de Defesa do Consumidor é promulgado no início da década de 1990, cumprindo determinação constitucional específica sobre o tema. O constituinte brasileiro não só determinou, expressamente, a elaboração de um código de defesa do consumidor como elevou essa categoria ao *status* de direito fundamental. A consagração de direitos fundamentais para sujeitos de relações privadas, como é o caso do consumidor na relação de consumo, não encontra relação com o conceito liberal de Constituição, sua definição como documento de organização e limitação política. Em contrapartida,

---

[119] SODRÉ, Marcelo Gomes. *A construção do direito do consumidor*: um estudo sobre as origens das leis principiológicas da defesa do consumidor. São Paulo: Atlas, 2009.

[120] SODRÉ, Marcelo Gomes. *A construção do direito do consumidor*: um estudo sobre as origens das leis principiológicas da defesa do consumidor. São Paulo: Atlas, 2009. p. 12.

[121] Tradução livre de: "Les années 1970 et 1980 voient éclater et se multiplier les organisations de défense et les règles positives, tant en France que dans les pays voisins".

[122] CALAIS-ALOUY, Jean; STEINMETZ, Frank. *Droit de la consommation*. Paris: Dalloz, 1996. p. 102.

[123] ALMEIDA, Carlos Ferreira de. *Os direitos do consumidor*. Coimbra: Almedina, 1982.

vai ao encontro da concepção contemporânea que é construída a partir do princípio da dignidade da pessoa humana com base na liberdade, na justiça e na paz.

As constituições contemporâneas regulam e determinam finalidades a matérias diversas, observando os seus elementos formadores que são: os elementos orgânicos, que regulam as estruturas do Estado e do Poder; os elementos limitativos, que se manifestam nas normas que consubstanciam os direitos e garantias; os elementos sociológicos, que revelam o estado de compromisso das constituições entre o Estado individualista e o Estado social; os elementos de estabilização constitucional consagrados nas regras de resolução de conflitos constitucionais e de defesa da Constituição; e, por fim, os elementos formais de aplicabilidade, que são os elementos que estabelecem direitos e garantias fundamentais de aplicação imediata.[124] Em face desse significado de constituição, há a aproximação entre público e privado de maneira que categorias originalmente vinculadas ao direito privado passam a integrar a constituição.[125]

A caracterização da defesa do consumidor como direito fundamental no ordenamento jurídico brasileiro emerge de sua localização no artigo 5º, XXXII, o qual determina expressamente que: "O Estado promoverá, na forma da lei, a defesa do consumidor". O primeiro efeito da inserção da defesa do consumidor no Capítulo I, "Dos direitos e deveres individuais e coletivos", do Título II, "Dos direitos e garantias fundamentais", é a impossibilidade de sua alteração ou reforma, haja vista a previsão contida no artigo 60, §4º, IV, da Constituição, que estabelece vedação de que seja objeto de deliberação a proposta de emenda que tende a abolir os direitos e as garantias individuais.[126] O segundo efeito é o surgimento do Código de Defesa do Consumidor, que surge de expressa determinação constitucional, contida no artigo 48, do ADCT (Ato das Disposições Constitucionais Transitórias).

Ao fazer uma leitura atenta, pode-se perceber que, ao elevar o direito do consumidor ao *status* de direito fundamental, ou até mesmo, em seu estabelecimento como Princípio da Ordem Econômica, há a identificação de um sujeito específico, titular de um direito subjetivo constitucional. "Não há, portanto, uma determinação constitucional de proteção do consumo, mas do consumidor".[127]

---

[124] SILVA, Clóvis do Couto e. *A obrigação como processo*. Rio de Janeiro: FGV, 2006.
[125] MIRAGEM, Bruno. *Curso de Direito do Consumidor*. 6. ed. São Paulo: RT, 2016.
[126] MIRAGEM, Bruno. *Curso de Direito do Consumidor*. 6. ed. São Paulo: RT, 2016.
[127] MIRAGEM, Bruno. *Curso de Direito do Consumidor*. 6. ed. São Paulo: RT, 2016. p. 56.

Essa proteção tem seu fundamento necessário diante de uma situação de desigualdade fática e procura restabelecer a igualdade. Isso ocorre porque o direito do consumidor, tutelado a partir da busca pelo reequilíbrio de uma relação de desigualdade, não tem, por objetivo, o estabelecimento de uma proteção que viole o princípio geral da igualdade jurídica. Assim, ele apenas incide sobre as relações de consumo, de modo a garantir o exercício de suas liberdades.[128]

Verifica-se o caráter de especial importância à defesa do consumidor quando se observa a elevação a princípio da ordem econômica, artigo 170, V, da Constituição Federal. Nesse sentido, trata-se de conteúdo meramente limitador da autonomia privada, possuindo um caráter promocional e interventivo no sentido de que sejam efetivados os preceitos constitucionais que o estabelecem como direito e como princípio, assumindo caráter conformador da ordem econômica.[129] O direito do consumidor, enquanto direito fundamental (e da ordem econômica), justifica-se no reconhecimento de uma situação de desigualdade em relação a qual a proteção prevista na Constituição e no Código de Defesa do Consumidor realizam a equalização de condições.[130]

Portanto, o direito do consumidor, expresso como direito fundamental, não configura mera expressão de ordem pública, ao contrário, exprime que sua promoção deve ser lograda pela implementação de normatividade específica e medidas de caráter interventivo.[131] Nesse sentido, ao estabelecer um comando específico ao legislador para que realize o detalhamento dessa proteção constitucional, reconhece a possibilidade de construção das normas próprias de proteção de modo a otimizar a finalidade da disposição constitucional.

Além disso, é possível perceber que o comando constitucional não se limitou à determinação quanto à produção de uma lei. Como se extrai do artigo 48 do ADCT, "(…) foi determinado, ao legislador, que aprovasse um Código de Defesa do Consumidor".[132] Ao determinar, no artigo 48, do ADCT, a realização de um Código, a Constituição estava concretizando a realização do conteúdo de eficácia da norma

---

[128] ANON ROIG, Maríajosé. *Necesidades y derechos* – Un ensayo de fundamentacion. Madrid: Centro de Estudios Constucionales, 1994.

[129] GRAU, Eros Roberto. *A ordem econômica na Constituição de 1988 (interpretação e crítica)*. 19. ed. São Paulo: Revista dos Tribunais. 2018.

[130] MIRAGEM, Bruno. *Curso de Direito do Consumidor*. 6. ed. São Paulo: RT, 2016.

[131] GRAU, Eros Roberto. *A ordem econômica na Constituição de 1988 (interpretação e crítica)*. 19. ed. São Paulo: Revista dos Tribunais. 2018.

[132] MIRAGEM, Bruno. *Curso de Direito do Consumidor*. 6. ed. São Paulo: RT, 2016. p. 67.

constitucional que consagra um direito fundamental e que tinha seus efeitos condicionados à produção da lei – logo, uma norma de eficácia limitada.[133]

Nesse sentido, em vista de seu significado global, o CDC (Código de Defesa do Consumidor) estrutura as normas de proteção do consumidor no Brasil em um sistema de proteção – explicitado no artigo 4º, do Sistema Nacional de Defesa do Consumidor –, que garante um caráter de coerência e homogeneidade à realização desse direito fundamental, fazendo possível sua autonomia.[134]

Pelo simples fato de consagrar um direito fundamental, o CDC possui carga eficacial específica. O que se determina com o reconhecimento da fonte constitucional de um determinado direito realizado através de norma infraconstitucional é a elevação do seu conteúdo ao nível de norma fundamental. Disso decorre a assunção, pela lei, de um *status* diferenciado em relação às demais normas legais que não possuem esse fundamento constitucional imediato.[135]

Ainda, segundo Miragem:

> O Código de Defesa do Consumidor estabelece em seu artigo 1º, de que se trata de lei de ordem pública e interessa social. Esta sua característica tem fundamento na origem da norma, qual seja, o direito fundamental a uma ação positiva normativa do Estado. Configura-se a norma infraconstitucional, pois, na realização da prestação normativa do Estado para proteção do titular do direito, o sujeito consumidor.
> (…) A nosso ver, nessa acepção é que devem ser vislumbradas as características indicadas pelo Código de Defesa do Consumidor em seu artigo 1º a determinação da lei como de ordem pública revela um status diferenciando à norma que, embora não há torne hierarquicamente superior às demais, lhe outorga um caráter preferencial. De outra parte, na medida em que realiza o conteúdo de um direito fundamental, de matriz constitucional, retira da esfera de autonomia privada das partes a possibilidade de derrogá-la (norma imperativa).[136]

A ordem pública, indicada pelo Código, determina o seu caráter de lei cogente, o que se verifica com alguma facilidade ao se observar a

---

[133] SILVA, José Afonso da. Aplicabilidade das normas constitucionais. 7. ed. São Paulo: Malheiros, 2008.
[134] GRINOVER, Ada Pellegrini; BENJAMIN, Antonio Herman Vasconcellos; FINK, Daniel Roberto et al. *Código de Defesa do Consumidor*: comentado pelos autores do anteprojeto. 10. ed. Rio de Janeiro: Forense Universitária, 2011.
[135] MIRAGEM, Bruno. *Curso de Direito do Consumidor*. 6. ed. São Paulo: RT, 2016.
[136] MIRAGEM, Bruno. *Curso de Direito do Consumidor*. 6. ed. São Paulo: RT, 2016. p. 68-69.

hipótese de nulidade de cláusulas abusivas – conforme determinação do artigo 51 – ou quando se refere às práticas comerciais abusivas – artigo 39 até 41 –, o que demonstra, inclusive, a limitação da autonomia das partes e de sua liberdade de contratar aos estritos limites da lei.[137] Desse modo, o caráter de ordem pública do CDC é manifesto diante da observação de seu conteúdo concreto, independentemente, da expressa referência do artigo 1º.

O conteúdo do conceito jurídico de ordem pública será vinculado aos princípios que dão forma e substância ao ordenamento. "São o núcleo de interesses essenciais de uma ordem jurídica, que encerram uma série de elementos políticos, sociais, morais e jurídicos, denotativos de uma compreensão de mundo".[138] Esse núcleo de interesses essenciais será, no que toca à ordem jurídica de sede constitucional, aquele que se constitui da realização ou projeção dos direitos fundamentais estabelecidos pela Constituição, cujo reconhecimento do atributo próprio de ordem pública terá efeitos concretos em âmbitos diversos, sobretudo, quando configurado eventual conflito de leis.

Além disso, trata-se do Código de uma política nacional de relações de consumo, de forma que está relacionado, nas palavras de José Geraldo Brito Filomeno,[139] a uma filosofia de ação. Isso porque não se trata apenas da proteção do consumidor, mas da vontade de alcançar harmonia nas relações de consumo.

Inspirado em diversos modelos legislativos estrangeiros, o CDC não ignorou as peculiaridades e os problemas próprios da realidade brasileira. Na origem dos direitos básicos do consumidor, está a Resolução nº 39/248, de 1985, da Assembléia Geral da ONU. Além disso, percebe-se a grande influência do *Projet de la Consommation*, bem como das leis gerais da Espanha (*Ley General para la Defensa de los Consumidores y Usuarios*, Lei 26/1984), de Portugal (Lei nº 29/81), do México (*Lei Federal de Protección al Consumidor*, de 1976) e de Quebec (*Loi sur la Protection du Consommauter*, de 1979). Nos aspectos mais específicos, a inspiração foi proveniente das Diretivas Europeias nº 84/450 e nº 85/374, além de serem utilizadas as legislações de Portugal (Decreto-Lei nº 446 de 1985) e da Alemanha (*Geset zur Regelung des Rechts der Allgemeinen*

---

[137] RÁO, Vicente. *O Direito e a vida dos direitos*. Anotado e atualizado por Ovídio Rocha Barros Sandoval. São Paulo: Revista dos Tribunais. 2013.
[138] MIRAGEM, Bruno. *Curso de Direito do Consumidor*. 6. ed. São Paulo: RT, 2016. p. 70.
[139] FILOMENO, José Geraldo Brito *et al*. *Código Brasileiro de Defesa do Consumidor*: comentado pelos autores do anteprojeto, Direito Material. 10. ed. Rio de Janeiro: Editora Forense, 2011.

*Geschaftsbedingungen – ACB Gesetz*, de 1976) no que toca o controle das cláusulas gerais de contratação.[140]

Assim sendo, foram inseridos princípios gerais do direito do consumidor que se reconhecem a partir do próprio CDC e incidem sobre as relações jurídicas de consumo, visando à correta interpretação e aplicação das regras que o regulamentam. De modo geral, esses princípios estão expressos no Código, mas nada obsta o reconhecimento de princípios implícitos que podem ser retirados do contexto normativo da própria lei ou da diretriz de proteção do consumidor.[141]

É preciso observar que não há, no CDC, algo que defina o que é uma relação de consumo, apesar de existir a norma de ordem pública de caráter cogente, cujo objeto principal de sua tutela é as relações de consumo com conteúdo principiológico e com caráter fundamental. Essa afirmação tem base no trabalho de Bruno Miragem em que consta que "optou o legislador nacional por conceituar os sujeitos da relação, consumidor e fornecedor, assim como seu objeto, produto ou serviço".[142]

A definição jurídica de consumidor é estabelecida pelo Código de Defesa do Consumidor por intermédio do seu artigo 2º. A definição legal permite, em rápida leitura, concluir que: (a) consumidores serão pessoas naturais ou jurídicas; (b) será consumidor tanto quem adquirir quanto quem utilizar produto ou serviço. Assim sendo, "é possível concluir que a relação de consumo pode resultar de um contrato, assim como pode se dar apenas em razão de uma relação meramente de fato, que por si só determina a existência de uma relação de consumo".[143] Em obra publicada em 1988, antes mesmo da consolidação da definição de consumidor no CDC, Antonio Herman Benjamin definiu consumidor como:

> (…) todo aquele que, para seu uso pessoal, de sua família, ou dos que se subordinam por vinculação doméstica ou protetiva a ele, adquire ou utiliza produtos, serviços, ou quaisquer outros bens ou informação colocados a sua disposição por comerciantes ou por qualquer outra pessoa natural ou jurídica, no curso de sua atividade ou conhecimento profissional.[144]

---

[140] GRINOVER, Ada Pellegrini; BENJAMIN, Antonio Herman Vasconcellos; FINK, Daniel Roberto *et al*. *Código de Defesa do Consumidor*: comentado pelos autores do anteprojeto. 10. ed. Rio de Janeiro: Forense Universitária, 2011.

[141] MIRAGEM, Bruno. *Curso de Direito do Consumidor*. 6. ed. São Paulo: RT, 2016.

[142] MIRAGEM, Bruno. *Curso de Direito do Consumidor*. 6. ed. São Paulo: RT, 2016. p. 70.

[143] MIRAGEM, Bruno. *Curso de Direito do Consumidor*. 6. ed. São Paulo: RT, 2016. p. 156.

[144] GRINOVER, Ada Pellegrini; BENJAMIN, Antonio Herman Vasconcellos; FINK, Daniel Roberto *et al*. *Código de Defesa do Consumidor*: comentado pelos autores do anteprojeto. 10. ed. Rio de Janeiro: Forense Universitária, 2011. p. 78.

Como se percebe, o conceito de consumidor adotado pelo Código possui caráter exclusivamente econômico, ou seja, leva em consideração apenas o personagem que, no mercado de consumo, adquire bens ou contrata a prestação de serviços como destinatário final. Na definição do código, foram "abstraídas todas as conotações de ordem filosófica, psicológica e outras (...)"[145] para se concluir que consumidor é "qualquer pessoa física ou jurídica que, isolada ou coletivamente, contrate para consumo final, em benefício próprio ou de outrem, a aquisição ou a locação de bens, bem como a prestação de um serviço".[146]

Se por consumidor entende-se aquele que adquire ou utiliza produto ou serviço como destinatário final, a consequência é o entendimento do fornecedor como aquele que oferece os produtos e serviços ao mercado de consumo. O CDC refere-se, em seu artigo 3º, *caput*, que:

> Fornecedor é toda pessoa física ou jurídica, pública ou privada nacional ou estrangeira, bem como os entes despersonalizados, que desenvolvem atividade de produção, montagem, criação, construção, transformação, importação, exportação, distribuição ou comercialização de produtos e prestação de serviços.

Como se observa, o legislador não distingue a natureza, regime jurídico ou nacionalidade do fornecedor. São abrangidas sociedades empresárias estrangeiras ou multinacionais e o próprio Estado (diretamente ou por intermédio de seus Órgãos e Entidades) – quando esse realiza atividade de fornecimento de produto ou serviço no mercado de consumo. Nesse sentido, para o CDC, são fornecedores todos os membros da cadeia de fornecimento.[147]

Ao lado da definição jurídica dos sujeitos da relação do consumo – consumidor e fornecedor –, o CDC também determina qual o objeto dessa relação – produto ou serviço. Assim, a incidência das normas de proteção ao consumidor a uma série de atividades depende da caracterização delas como produtos ou serviços de acordo com a

---

[145] FILOMENO, José Geraldo Brito et al. *Código Brasileiro de Defesa do Consumidor*: comentado pelos autores do anteprojeto, Direito Material. 10. ed. Rio de Janeiro: Editora Forense, 2011. p. 26.
[146] FILOMENO, José Geraldo Brito et al. *Código Brasileiro de Defesa do Consumidor*: comentado pelos autores do anteprojeto, Direito Material. 10. ed. Rio de Janeiro: Editora Forense, 2011. p. 26.
[147] GRINOVER, Ada Pellegrini; BENJAMIN, Antonio Herman Vasconcellos; FINK, Daniel Roberto et al. *Código de Defesa do Consumidor*: comentado pelos autores do anteprojeto. 10. ed. Rio de Janeiro: Forense Universitária, 2011.

definição legal.[148] O artigo 3º, §1º, do CDC, define produto "como todo bem móvel ou imóvel, material ou imaterial", e o §2º define como serviço "qualquer atividade fornecida no mercado de consumo, mediante remuneração, inclusive as de natureza bancária, financeira, de crédito e securitária, salvo as decorrentes das relações de caráter trabalhista". Essa dependência ocorre porque foi dada a mesma importância à definição dos elementos subjetivos da relação de consumo e à definição dos elementos objetivos.[149]

O serviço ao que se refere a Lei nº 8.078/90 (CDC) é o mesmo prestado pelas várias sociedades empresariais que operam nas redes virtuais, sendo difícil dissociar o provedor desse serviço – aplicativo da rede social – do fornecedor definido pelo Código de Defesa do Consumidor.[150] A relação jurídica de consumo, como visto ao longo deste capítulo, possui, como objetivo maior, o reconhecimento de direitos subjetivos e de deveres jurídicos. Dentre tais direitos subjetivos, os que ganham maior destaque são aqueles insculpidos no artigo 6º, do CDC, que são denominados como direitos básicos do consumidor.

O código não exclui a possibilidade de que outras disposições do próprio código ou outras legislações especiais ou gerais sejam aplicadas em prol do consumidor. O que se percebe é que devem ser estendidas, ao nível de proteção do consumidor, as regras que prevejam um maior nível de proteção desses consumidores, "ou de detalhamento destas possibilidades na legislação extravagante ao CDC".[151]

A demonstração dessa disposição, tratada de forma clássica pela literatura jurídica, são os direitos da personalidade. Direitos subjetivos já reconhecidos (como a honra, o nome, a imagem, a vida privada, a integridade física previstos em lei, além de outros aspectos da personalidade protegidos por força de sua tutela constitucional) integram o rol de direitos a serem reconhecidos aos consumidores em uma relação de consumo.[152] Portanto, trata-se de preservar a dignidade do consumidor em suas relações jurídicas e econômicas concretas, protegendo seu aspecto existencial e seus interesses legítimos no mercado de consumo.[153]

---

[148] MIRAGEM, Bruno. *Curso de Direito do Consumidor*. 6. ed. São Paulo: RT, 2016.
[149] MIRAGEM, Bruno. *Curso de Direito do Consumidor*. 6. ed. São Paulo: RT, 2016.
[150] VASCONCELOS, Fernando Antônio de. *Internet*: Responsabilidade do provedor pelos danos praticados. Curitiba: Juruá, 2004.
[151] MIRAGEM, Bruno. *Curso de Direito do Consumidor*. 6. ed. São Paulo: RT, 2016. p. 209.
[152] TEPEDINO, Gustavo. A tutela da personalidade no ordenamento civil-constitucional brasileiro. *Temas de direito civil*. Rio de Janeiro: Renovar, 2008.
[153] MIRAGEM, Bruno. *Curso de Direito do Consumidor*. 6. ed. São Paulo: RT, 2016.

Como se vê, a defesa do consumidor responde tanto a razões econômicas, derivadas do modelo segundo o qual se desenvolvem as relações comerciais, bem como a adaptação do texto constitucional ao estado em que se encontra a sociedade de consumo. Consumir se tornou condição de existência digna na sociedade contemporânea. Assim "a consideração e qualificação jurídica do ato de consumir e das relações a ele concernentes impõe o reconhecimento dos direitos do consumidor"[154] na exata medida em que esses são promovidos pela Constituição e pelo Código de Defesa do Consumidor.

---

[154] MIRAGEM, Bruno. *Curso de Direito do Consumidor*. 6. ed. São Paulo: RT, 2016.

CAPÍTULO 2

# DADOS EMPÍRICOS

## 2.1 Método e metodologia

Uma das grandes dificuldades nas pesquisas acadêmicas a respeito das novas tecnologias e da *Internet* é a abordagem empírica. É preciso uma abordagem metodológica que seja eficiente e que permita, aos pesquisadores, a coleta e análise de dados compatíveis com seus problemas de pesquisa e com suas perspectivas teóricas, a fim de manter o devido rigor científico.

Há uma peculiaridade na pesquisa científica que tem como objeto a *Internet*. Isso se deve ao fato de se estar diante de um elemento que pode ser objeto de pesquisa (aquilo que se estuda), local de pesquisa (ambiente onde a pesquisa é realizada) e, ainda, instrumento de pesquisa (por exemplo, uma ferramenta para coleta de dados sobre um determinado assunto).[155]

Antes de tratar especificamente das metodologias aplicadas neste trabalho, alguns aspectos históricos precisam ser mencionados. Essas definições são importantes à compreensão da constituição da pesquisa sobre o tema e influenciam a construção da amostra.

No ano 2000, Christine Hine propôs que a *Internet*, enquanto objeto de estudo, tende a ser elaborada, conceitualmente, sob dois

---

[155] FRAGOSO, Suely; RECUERO, Raquel; AMARAL, Adriana. *Métodos de pesquisa para internet.* Porto Alegre: Sulina, 2011.

modelos de abordagem teórica que podem estar conectados: *Internet* enquanto cultura e enquanto artefato cultural.[156]

Na perspectiva da *web* como cultura, ela é normalmente compreendida enquanto um espaço distinto do *offline*, no qual o estudo enfoca o contexto cultural dos fenômenos que ocorrem nas comunidades e nos mundos virtuais. Essa abordagem leva em consideração funções e formações sociais, além de tipos de trocas entre pessoas, tais como os conflitos, as cooperações, o fortalecimento das comunidades virtuais como alguns entre diferentes tipos de narrativas possibilitadas pelas redes sociais.[157] "A *Internet* e redes similares fornecem um campo naturalmente recorrente para estudar o que as pessoas fazem enquanto estão *online*".[158]

Os primeiros trabalhos ligados à cultura da *Internet* basearam-se em grupos reunidos em torno de um tópico ou uma atividade e as tecnologias mais recentes, como *blogs* e *sites* de redes sociais, alteraram essa dinâmica, uma vez que os grupos sociais atuais são definidos por meio de relacionamentos, em uma noção egocêntrica de comunidade, no qual os indivíduos elaboram seu mundo social por meio de *links* e da atenção.[159]

A perspectiva da *Internet* enquanto artefato cultural observa a inserção da tecnologia na vida cotidiana. Assim, favorece a percepção de rede como um elemento da cultura e não como uma entidade à parte, em uma perspectiva que se diferencia da anterior, entre outras coisas, pela integração dos âmbitos *online* e *offline*.[160]

A ideia de artefato cultural compreende que existem diferentes significados culturais em diferentes contextos de uso. O objeto *Internet* não é único, mas, sim, multifacetado e passível de apropriações. "Tanto sua produção quanto seu consumo são dispersos entre múltiplos locais,

---

[156] A noção de artefato cultural é oriunda da Antropologia e dos estudos sobre as comunidades. "Os modelos de cultura e de artefato cultural são utilizados para fornecerem uma estrutura para pensar sobre dois aspectos do ciberespaço que podem ser observados como campos para um etnógrafo. Cada olhar sobre a internet sugere diferentes abordagens metodológicas e um conjunto distinto de problemas e vantagens". (HINE, Christine. *Virtual Ethnography*. London: Sage, 2000. p. 14).

[157] FRAGOSO, Suely; RECUERO, Raquel; AMARAL, Adriana. *Métodos de pesquisa para internet*. Porto Alegre: Sulina, 2011.

[158] HINE, Christine. *Virtual Ethnography*. London: Sage, 2000. p. 18.

[159] BOYD, Danah. How can qualitative Internet Researchers define the boundaries of their project? A response to Christine Hine. *In*: MARKHAM, Annette N.; BAYM, Nancy (Orgs.). *Internet inquiry* – Conversations about method. Los Angeles: Sage, 2009. p. 26-32.

[160] FRAGOSO, Suely; RECUERO, Raquel; AMARAL, Adriana. *Métodos de pesquisa para internet*. Porto Alegre: Sulina, 2011.

instituições e indivíduos".¹⁶¹ Os estudos cujas abordagens enfatizam o aspecto de artefato cultural tendem a observar questões acerca dos discursos sobre a *Internet*. Essa noção oportuniza o entendimento do objeto como um local no qual as fronteiras entre *online* e *offline* são fluidas.¹⁶²

Neste trabalho, para solucionar as perguntas realizadas, a pesquisa se utiliza da investigação dogmática, que tem a legislação como base de investigação, por meio do estudo bibliográfico – livros jurídicos, artigos científicos – e dogmático – legislação nacional e internacional.

Soma-se, a isso, a pesquisa qualitativa, em que será utilizado o método indutivo, o qual consiste na realização de um questionário com usuários de duas redes sociais, *Facebook* e *Youtube*, para entender: 1) a relação (caso exista) entre esses usuários e as condições gerais de contratação; 2) se existe a leitura e correta compreensão do que se está "aceitando"; 3) se tal aceitação (consentimento) ocorreria diante do conhecimento dos dados obtidos através da pesquisa qualitativa.

Em um segundo momento, a partir dos dados coletados, será realizada a análise dos contratos – condições gerais de contratação, termos de uso ou política de privacidade – dessas duas redes sociais. Essa análise se concentrará em dois pontos centrais: I) esquadrinhamento das condições gerais de contratação das redes sociais Facebook e Youtube; II) análise crítica das condições gerais de contratação das duas principais redes sociais que atuam no Brasil em relação ao Direito Brasileiro – em especial, à Lei Geral de Proteção de Dados Pessoais (LGPD), ao Código de Defesa do Consumidor (CDC), ao Código Civil (CC) e à Constituição Federal (CF).

A análise de Rede Sociais *online* foi adquirindo complexidade e *status* de metodologia capaz de entender o mundo contemporâneo no qual estamos permanentemente conectados.¹⁶³ Pode-se definir o estudo de redes como "o estudo dos padrões sociais".¹⁶⁴ Falar de redes sociais é, portanto, falar de como os indivíduos se conectam através de grupos. O *site* ou aplicativo da rede social não é a rede em si, mas um suporte. Assim, os *sites* e aplicativos de rede social são páginas na *Internet* que objetivam criar e manter as redes sociais. A mídia social

---

¹⁶¹ HINE, Christine. *Virtual Ethnography*. London: Sage, 2000. p. 28.
¹⁶² FRAGOSO, Suely; RECUERO, Raquel; AMARAL, Adriana. *Métodos de pesquisa para internet*. Porto Alegre: Sulina, 2011.
¹⁶³ WELLMAN, Barry; HAYTHORNTHWAITE, Caroline. *The Internet in everyday life*. Oxford, UK: Blackwell, 2002.
¹⁶⁴ RECUERO, Raquel; BASTOS, Marco; ZAGO, Gabriela. *Análise de redes para mídia social*. Porto Alegre: Sulina, 2018. p. 24.

seria a apropriação dos *sites* de rede social, pelos usuários, ao propagar, replicar e dar visibilidade a determinadas informações.[165]

A análise de redes sociais é baseada em um conjunto de métricas e técnicas de pesquisa que descrevem a relação entre os nós e suas conexões, que, por sua vez, são baseadas em análises matemáticas e com foco voltado para a visualização.[166]

> Dizem que vivemos em uma sociedade em rede. Redes de computadores hoje são lugares-comuns. Serviços de redes sociais já são tidos como parte do cotidiano das pessoas. As redes estão em todos os lugares. Ainda assim, a compreensão dessas redes é nebulosa para muitos. O que você usa para coletar uma rede? Onde você armazena esses dados? Como você analisa ou visualiza uma rede? Qual é a melhor maneira de transmitir percepções de uma rede para outras pessoas? De forma contrastante em relação a outras estruturas de visualização de dados, como gráficos em barra e em pizza, as redes estão fora do alcance da maioria das pessoas. Programadores conseguem, com frequência, desenvolver as habilidades e técnicas necessárias para coletar, analisar, visualizar e reportar redes, mas outras pessoas encontram desafios significativos ao atacar o mesmo problema. As redes estão em todos os lugares, e os modelos de rede são bastante úteis para compreendê-las. Assim, superar obstáculos para usar métodos de análise de redes é importante. A perspectiva de rede é holística e gestaltiana – ela foca nos padrões emergentes compostos de coleções de relações mais do que em grupos de indivíduos isolados. Os métodos de análise de rede capturam as formas através das quais um mesmo número de pessoas pode formar padrões bastante diferentes de conexões. Uma perspectiva de rede reconhece o papel central das relações entre os indivíduos, mais do que dos indivíduos isolados, nos estudos da sociedade.[167]

Compreender o mundo através das redes ganhou importância com a revolução da mídia social, que absorveu bilhões de pessoas. Quando nos conectamos, "curtimos", aceitamos amigos, "retuítamos", "favoritamos", seguimos uns aos outros, formamos redes de relações que, agora, são mais visíveis do que jamais foram.[168]

---

[165] NUNES DE SOUZA, Ana Lúcia. Análise de redes sociais on-line: um guia para iniciação teórica e prática. *Revista Matrizes*, v. 10, n. 2, p. 203-206, 2016. Disponível em: http://dx.doi.org/10.11606/issn.1982-8160.v10i2p203-20. Acesso em: 23 jul. 2021.

[166] NUNES DE SOUZA, Ana Lúcia. Análise de redes sociais on-line: um guia para iniciação teórica e prática. *Revista Matrizes*, v. 10, n. 2, p. 204, 2016. Disponível em: http://dx.doi.org/10.11606/issn.1982-8160.v10i2p203-20. Acesso em: 23 jul. 2021.

[167] RECUERO, Raquel; BASTOS, Marco; ZAGO, Gabriela. *Análise de redes para mídia social*. Porto Alegre: Sulina, 2018. p. 09-10.

[168] RECUERO, Raquel; BASTOS, Marco; ZAGO, Gabriela. *Análise de redes para mídia social*. Porto Alegre: Sulina, 2018.

Outra fonte utilizada, na pesquisa empírica do Direito, é a realização de pesquisas com leigos sobre as suas percepções acerca do que o Direito exige e/ou deveria exigir das partes. Possíveis fontes dessas opiniões são as pessoas que celebram contratos rotineiramente ou indivíduos representativos de uma classe de pessoas que tende a celebrar certos tipos específicos de contratos.[169]

Os elementos encontrados por essa abordagem serão fundamentais para entender o que o usuário das redes sociais trabalhadas está abrindo mão quando declara que "leu e aceitou" as condições gerais de contratação e o tamanho da necessidade de regulação quanto à proteção de dados e privacidade.

Neste trabalho, o que se buscou foi um experimento de pesquisa sobre até que ponto os usuários de redes sociais ignoram as políticas de privacidade e as condições gerais de contratação quando utilizam esse serviço. Também, buscou-se verificar qual o grau de compreensão que tais usuários possuem em relação ao conteúdo dessas políticas e condições, bem como se eles manteriam o serviço caso tivessem mais informações sobre isso.

Foram abordadas as seguintes questões com os usuários:
1. Nome;
2. Idade;
3. Escolaridade;
4. Você é usuário com conta ativa das Redes Sociais *Facebook* ou *Youtube*? Se sim, qual?
5. Qual a frequência de uso diário?
6. Você efetuou a leitura completa das condições gerais de contratação?
7. Houve a compreensão da política de privacidade?
8. Conhece a extensão das autorizações quanto ao uso de dados e de informações pessoais?
9. Você tem conhecimento de quem pode ter acesso às suas informações pessoais obtidas por estas redes sociais?
10. Você concorda em ceder seus dados e suas informações pessoais aos parceiros destas redes sociais e às autoridades policiais e investigativas, independentemente de ordem judicial?

---

[169] KOROBKIN, Russel. Pesquisa empírica em direito contratual: Possibilidades e problemas. *Revista de Estudos Empíricos em Direito*, v. 2, n. 1, p. 200-225, 2015. Disponível em: https://reedrevista.org/reed/article/view/49. Acesso em: 23 jul. 2021.

11. Você recebeu alguma notificação ou comunicação sobre o direito de retificar, apagar ou confirmar dados fornecidos a terceiros?
12. Sendo possível alterar as condições de contratação, você restringiria o repasse de seus dados a terceiros?
13. Você deixaria de usar alguma das redes sociais indicadas se soubesse que seus dados e informações pessoais são vendidas às outras empresas?

O questionário foi aplicado por meio da plataforma de pesquisa disponibilizada pelo *Google* (*Google Forms*), entre os dias 20.04.2021 e 25.04.2021, em 125 (cento e vinte e cinco) pessoas, com idade entre 21 (vinte e um) e 66 (sessenta e seis) anos. Os resultados compõem o Anexo I deste trabalho.

Os participantes receberam o link com o questionário e responderam sem qualquer instrução ou comentário, sendo informados apenas de que se tratava de uma pesquisa acadêmica sobre proteção de dados e redes sociais.

A partir dos resultados encontrados no questionário, fora realizado o esquadrinhamento das condições gerais de contratação das duas redes sociais que são objetos deste estudo (*Facebook* e *Youtube*), disponíveis em 18.04.2021.[170] Essa análise está presente nos Anexos II, III e IV deste trabalho. Focou-se no cumprimento das regras contidas na Lei nº 13.709, de 14 de agosto, de 2018 (LGPD), Boa-fé Objetiva e outros Princípios e Regras do Direito do Consumidor.

Pretendeu-se a compreensão das implicações da Boa-fé enquanto fonte geradora de deveres jurídicos, conhecendo sua concretização na LGPD e nas cláusulas das Condições Gerais de Contratação. Para tanto, fez-se necessária a leitura acerca dos princípios e direitos da LGPD, bem como dos artigos do Código Civil e do Código de Defesa do Consumidor referentes ao princípio da Boa-fé.

Para ter acesso aos termos e às condições de uso, bem como às políticas de privacidade, o pesquisador simulou a criação de uma conta em cada uma das redes sociais referidas. Constatou-se que a aderência aos termos é condição indispensável, não havendo sequer a possibilidade de negociação.

---

[170] Esta informação é vital para a compreensão do presente estudo. Isso porque as políticas de privacidade e condições gerais de contratação são constantemente atualizadas e alteradas e nem sempre, como revelou a pesquisa, essas alterações são comunicadas ou compreendidas pelos usuários.

Tal medida fez-se necessária para verificação das atuais Condições Gerais de Contratação, bem como para se atestar, de forma definitiva, a necessidade de adesão e de prestar a informação de que leu e aceitou os termos da contratação. Dessa maneira, também foi possível constatar que não há necessidade, ou mesmo, o mínimo incentivo à leitura dos termos de uso antes de serem aceitas tais condições.

## 2.2 Esquadrinhando contratos havidos entre Facebook, YouTube e usuários

Nas redes sociais *Facebook* e *Youtube*, como condição para o acesso, ou seja, para criar uma conta, é preciso que se declare a leitura e a concordância com as condições gerais de contratação. Por serem as duas redes sociais mais populares do Brasil e do mundo,[171] foram escolhidas como objeto do presente trabalho.

De maneira aleatória, usuários de ambas as redes sociais foram submetidos ao questionário. Os resultados revelaram que 56,8% dos participantes possuem contas ativas tanto no *Facebook* quanto no *YouTube*, sendo que 98,4% desses responderam que possuem contas ativas em, pelo menos, uma das duas redes sociais indicadas, e 94,4% usam essas redes sociais por mais do que 1 (uma) hora por dia.

---

[171] *Facebook* liderou o *ranking* no ano de 2020, com 2,7 bilhões de contas ativas, das quais 130 milhões são brasileiras. O *YouTube* ocupa a segunda posição no *ranking* mundial e a terceira no *ranking* brasileiro, com 2 bilhões de contas ativas, sendo 105 milhões brasileiras (VOLPATO, Bruno. Ranking: as redes sociais mais usadas no Brasil e no mundo em 2022, com insights e materiais. *Resultados Digitais*, 23 maio 2022. Disponível em: https://resultadosdigitais.com.br/marketing/redes-sociais-mais-usadas-no-brasil/. Acesso em: 02 mar. 2023).

**Gráfico 1** – Gráfico sobre usuários com contas ativas no Facebook ou no YouTube

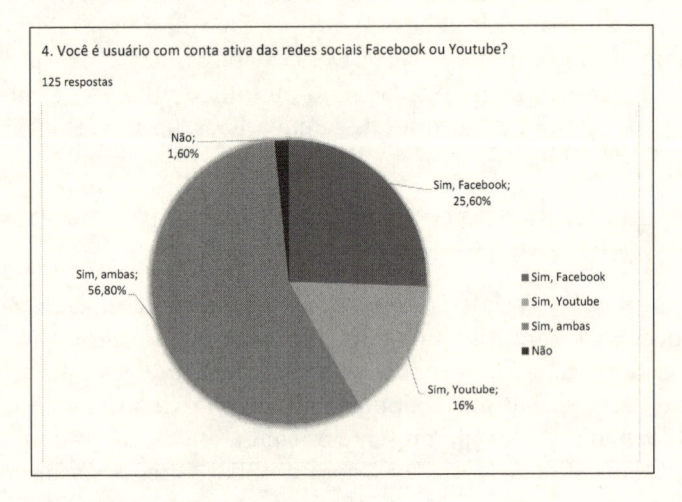

*4. Você é usuário com conta ativa das redes sociais Facebook ou Youtube?*
*125 respostas*

- Sim, Facebook; 25,60%
- Sim, Youtube; 16%
- Sim, ambas; 56,80%
- Não; 1,60%

Fonte: Elaborado pelo autor, 2021.

**Gráfico 2** – Gráfico sobre frequência de uso diário

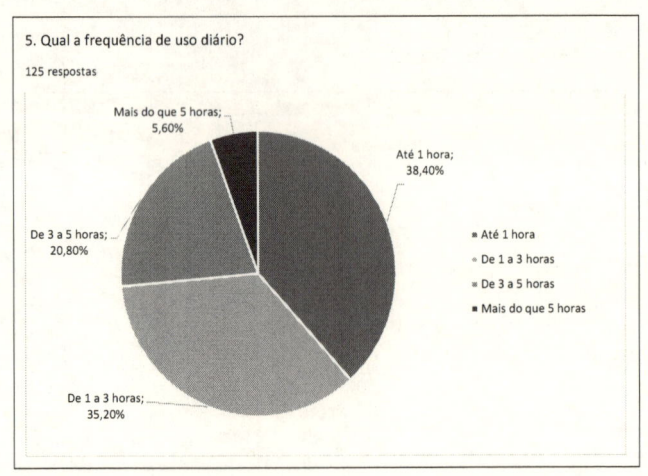

*5. Qual a frequência de uso diário?*
*125 respostas*

- Até 1 hora; 38,40%
- De 1 a 3 horas; 35,20%
- De 3 a 5 horas; 20,80%
- Mais do que 5 horas; 5,60%

Fonte: Elaborado pelo autor, 2021.

Além disso, a pesquisa revelou que 90,4% dos usuários não efetuaram a leitura completa das condições gerais de contratação, política de privacidade ou termos de uso. Referem não ter a correta compreensão da política de privacidade 77,6% deles, e 87,2% revelaram que não conhecem a extensão das autorizações concedidas.

**Gráfico 3** – Gráfico sobre a leitura das condições gerais de contratação

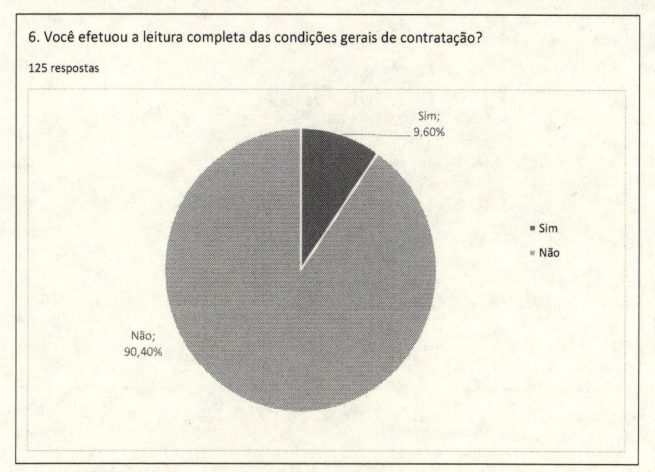

[Gráfico de pizza: 6. Você efetuou a leitura completa das condições gerais de contratação? 125 respostas. Sim: 9,60%; Não: 90,40%]

Fonte: Elaborado pelo autor, 2021.

**Gráfico 4** - Gráfico sobre a compreensão da política de privacidade

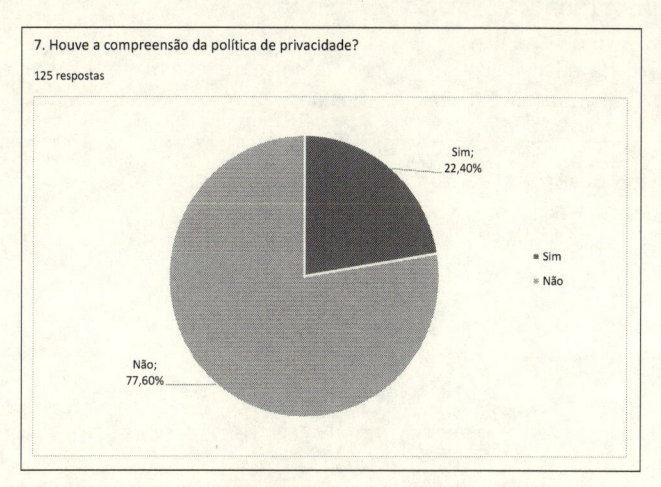

[Gráfico de pizza: 7. Houve a compreensão da política de privacidade? 125 respostas. Sim: 22,40%; Não: 77,60%]

Fonte: Elaborado pelo autor, 2021.

**Gráfico 5** – Gráfico sobre a extensão das autorizações quanto ao uso de dados e informações pessoais

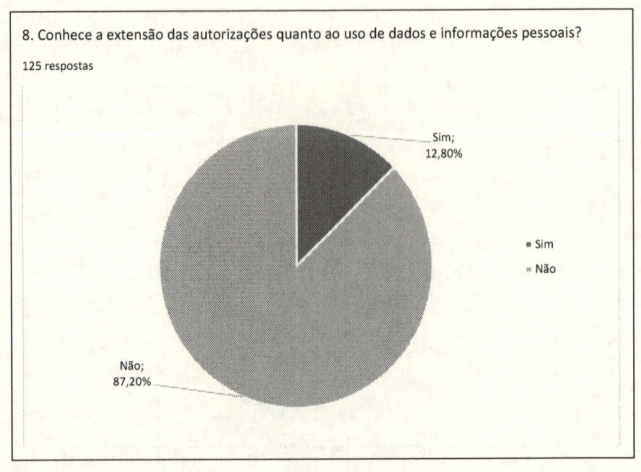

*8. Conhece a extensão das autorizações quanto ao uso de dados e informações pessoais?*
125 respostas

- Sim; 12,80%
- Não; 87,20%

Fonte: Elaborado pelo autor, 2021.

Dos participantes, 80,8% informaram também que não têm conhecimento de quem pode ter acesso às informações pessoais obtidas pelas redes sociais *Facebook* e *YouTube*, e 92% referem que não houve nenhuma notificação ou comunicação sobre o direito de retificar, apagar ou confirmar dados fornecidos a terceiros.

**Gráfico 6** - Gráfico acerca do conhecimento sobre terceiros que podem obter as informações dos usuários das redes sociais mencionadas

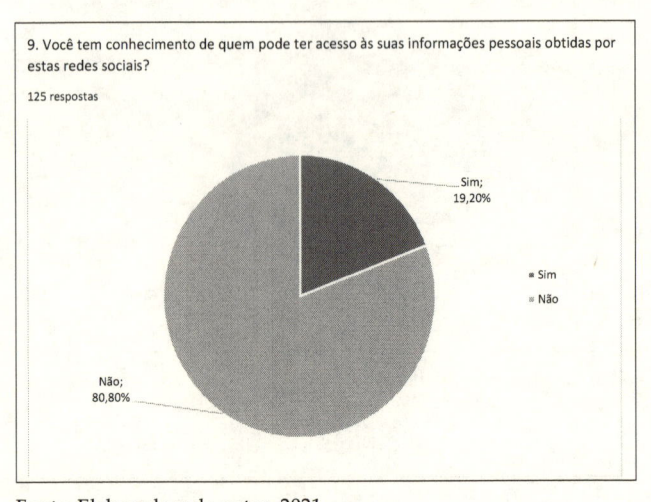

*9. Você tem conhecimento de quem pode ter acesso às suas informações pessoais obtidas por estas redes sociais?*
125 respostas

- Sim; 19,20%
- Não; 80,80%

Fonte: Elaborado pelo autor, 2021.

**Gráfico 7** – Gráfico acerca da notificação ou comunicação sobre o direito de retificar, apagar ou confirmar dados fornecidos a terceiros

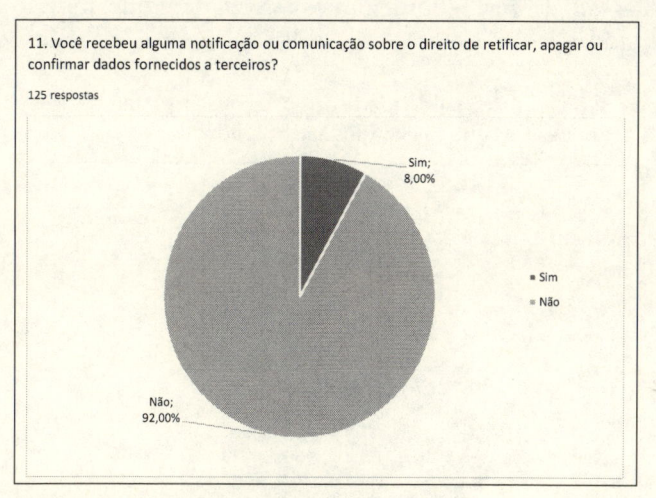

11. Você recebeu alguma notificação ou comunicação sobre o direito de retificar, apagar ou confirmar dados fornecidos a terceiros?
125 respostas

- Sim; 8,00%
- Não; 92,00%

Fonte: Elaborado pelo autor, 2021.

Quando indagados sobre a possibilidade de restrição quanto ao repasse de dados a terceiros, 95,2% responderam que, se fosse possível, promoveriam a alteração nas condições e nos termos de contratação para restringir esse repasse.

**Gráfico 8** – Gráfico sobre a vontade do usuário em restringir o repasse dos seus dados a terceiros caso isso fosse possível

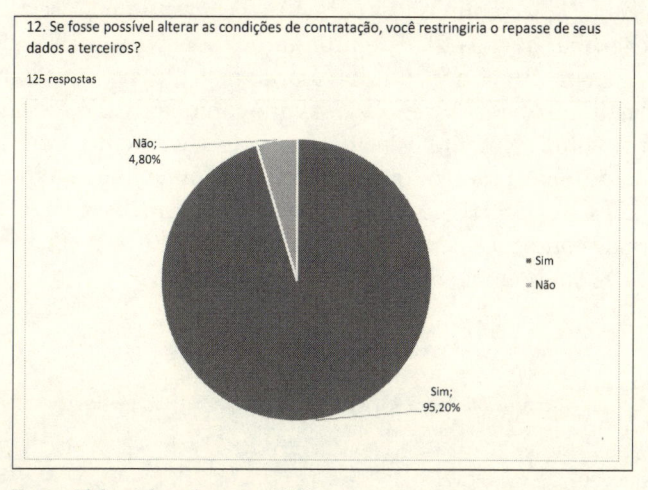

12. Se fosse possível alterar as condições de contratação, você restringiria o repasse de seus dados a terceiros?
125 respostas

- Não; 4,80%
- Sim; 95,20%

Fonte: Elaborado pelo autor, 2021.

Por fim, ao serem indagados sobre a venda de dados e informações a outras empresas que não que compõem os grupos empresariais *Facebook* e *Google*, 26,4% dos usuários informaram que, mesmo com a venda de dados e informações, seguiria utilizando essas redes sociais.

**Gráfico 9** – Gráfico sobre a fidelidade dos usuários às plataformas caso soubessem que seus dados são vendidos

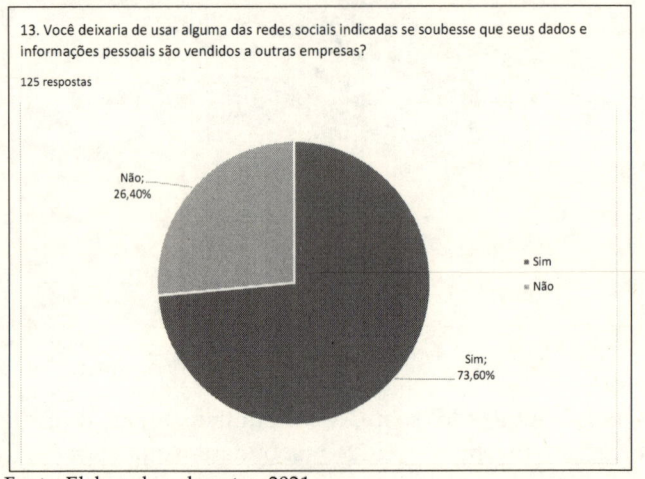

Fonte: Elaborado pelo autor, 2021.

Um termo de consentimento sem o completo entendimento do leitor sobre o que está consentindo significa vício sobre o negócio jurídico, retirando qualquer efeito jurídico sobre o ato de consentir ou "ler e aceitar". A comunicação para que o consentimento seja efetivo deve ser perceptível e útil.[172] A informação, por si, deve ser suficiente para se racionalizar as decisões necessárias pelo titular.[173] O desafio que se apresenta às sociedades empresárias que controlam essas redes sociais mostra-se como elemento principal que coloca em xeque a política de privacidade e, portanto, o consentimento. Além da linguagem técnica existente, existe o fato de que as pessoas não parecem dispostas a efetuar a leitura de condições gerais de contratação e políticas de privacidade extensas e com linguagem de difícil compreensão.

---

[172] BIONI, Bruno Ricardo. *Proteção de dados pessoais*: a função e os limites do consentimento. 3. ed. Rio de Janeiro: Editora Forense, 2021.
[173] TOMASEVICIUS FILHO, Eduardo. *O princípio da boa-fé no Direito Civil*. São Paulo: Almedina, 2020.

Com as premissas lançadas pelas respostas ao questionário, inicia-se a análise das condições gerais de contratação das redes sociais disponíveis em 18.04.2021, começando pela política de privacidade do *Google*, disponível e necessária para aqueles usuários que pretendem acesso a uma conta ativa da rede social *YouTube*.

Para que seja possível a ativação de uma conta *Google*, é necessária a concordância (adesão)[174] com uma política de privacidade que é composta por um documento de 30 (trinta) páginas, o qual começa com a seguinte informação: "Quando você usa nossos serviços, está confiado a nós suas informações. Entendemos que isso é uma grande responsabilidade e trabalhamos duro para proteger essas informações e colocar você no controle.".[175]

O documento apresentado informa, também, que se destina a ajudar o usuário a entender quais as informações são coletadas, o motivo da coleta e como o usuário pode atualizar, gerenciar, exportar e excluir essas informações. Esclarece, ainda, que: "Você pode se inscrever em uma Conta do *Google* se quiser criar e gerenciar conteúdo, como e-mails e fotos, ou ver resultados de pesquisa mais relevantes".[176] Segue uma importante seção do documento:

> Queremos que você entenda os tipos de informações que coletamos quando usa nossos serviços.
> Coletamos informações para fornecer serviços melhores a todos os nossos usuários, o que inclui descobrir coisas básicas, como o idioma que você fala, até coisas mais complexas, como anúncios que você pode considerar mais úteis, as pessoas on-line que são mais importantes para você ou os vídeos do *YouTube* de que você poderá gostar. As informações coletadas pelo *Google* e como essas informações são usadas dependem de como você usa nossos serviços e de como gerencia os controles de privacidade.
> Quando você não está conectado a uma Conta do *Google*, armazenamos as informações que coletamos como identificadores exclusivos

---

[174] Os termos de uso e as condições gerais de contratação do *Google* enquadram-se no conceito de contrato de adesão estampado no artigo 54, do Código de Defesa do Consumidor, na medida em que tem suas cláusulas estabelecidas unilateralmente, sem que o usuário possa discutir ou modificar substancialmente seu conteúdo.

[175] GOOGLE. Políticas de Privacidade do Google. p. 01. *Site da Google PT-BR, seção Privacidade & Termos*. Disponível em: https://polices.google.com/privacy?h=pt-BR. Acesso em: 18 abr. 2021.

[176] GOOGLE. Políticas de Privacidade do Google. p. 01. *Site da Google PT-BR, seção Privacidade & Termos*. Disponível em: https://polices.google.com/privacy?h=pt-BR. Acesso em: 18 abr. 2021.

vinculados ao navegador, aplicativo ou dispositivo que você está usando. Isso nos ajuda a manter as preferências de idioma em todas as sessões de navegação, por exemplo.

Quando você está conectado, também coletamos informações que armazenamos com sua Conta do *Google* e que tratamos como informações pessoais.[177]

Além dessas informações, sugere o documento que, ao criar uma Conta do *Google* e fornecer informações pessoais, o usuário opta por isso (GOOGLE, 2021).[178]

Consta, ainda, na primeira parte do documento, a informação de que são armazenados, nos servidores da empresa, os termos de pesquisa, os vídeos que são assistidos, as visualizações e as interações com conteúdo e anúncios, as informações de voz e som – quando utilizados recursos de áudio, as atividades de compra, as pessoas com quem o usuário se comunica ou compartilha conteúdo, as atividades em *sites* e aplicativos de terceiros que usam os serviços *Google*, além do histórico de navegação. Segundo o documento, tal armazenamento ocorre para que vídeos do *YouTube* que o usuário pode gostar sejam recomendados. Essa também é a justificativa apresentada para o armazenamento dos seguintes dados: chamadas realizadas ou recebidas; mensagens recebidas e enviadas; registros dos números dos telefones de quem chama e de quem recebe; endereço de *e-mail* do remetente e do destinatário; horário e data das mensagens; duração das chamadas; informações de roteamento; tipos e volumes de chamadas e mensagens.

As informações e os dados sobre a localização são justificados a partir do argumento de que serão utilizados para que sejam ofertados recursos, como rotas de carro para viagem de fim de semana ou horários de filmes que estão próximos ao usuário. O documento, nesse trecho, destaca que é possível, ao usuário, ativar ou desativar a localização do dispositivo[179] para evitar que tais dados sejam coletados.

---

[177] GOOGLE. Políticas de Privacidade do Google. p. 02. *Site da Google PT-BR, seção Privacidade & Termos.* Disponível em: https://polices.google.com/privacy?h=pt-BR. Acesso em: 18 abr. 2021.

[178] GOOGLE. Políticas de Privacidade do Google. *Site da Google PT-BR, seção Privacidade & Termos.* Disponível em: https://polices.google.com/privacy?h=pt-BR. Acesso em: 18 abr. 2021.

[179] GOOGLE. Políticas de Privacidade do Google. *Site da Google PT-BR, seção Privacidade & Termos.* Disponível em: https://polices.google.com/privacy?h=pt-BR. Acesso em: 18 abr. 2021.

Após uma seção de um pouco mais de 04 (páginas) com informações sobre quais as informações e os dados que são coletados, dá-se início à seção em que o documento, supostamente, revela os motivos para a coleta de dados:

> POR QUE O GOOGLE COLETA DADOS
> Usamos os dados para criar serviços melhores.
> Usamos as informações que coletamos em todos os nossos serviços para os fins descritos abaixo.
> Fornecer nossos serviços
> Usamos as informações para fornecer nossos serviços, como processos os termos de pesquisa para retornar resultados ou ajudar você a compartilhar conteúdo sugerindo destinatários dos seus contatos.[180]

Além de condicionar a prestação dos serviços à coleta de dados, como visto, as informações também são coletadas, segundo consta, para realizar manutenção e melhorar os serviços oferecidos, desenvolver novos produtos, fornecer serviços personalizados (incluindo conteúdo e anúncios), avaliar desempenho, contatar o usuário e proteger o *Google*, os usuários e o público.

A terceira seção sobre a política de privacidade apresentada pelo *Google* traz os principais controles para gerenciamento da privacidade, indicando que o usuário consulte dois outros documentos, cujos *links* são disponibilizados: o primeiro é "Verificação de Privacidade", e o segundo, "Guia da Privacidade do Produto".[181]

O documento insinua que o usuário tem o controle sobre suas informações coletadas, já que consta a seguinte frase no início dessa seção: "Você tem escolhas em relação às informações que coletamos e como elas são usadas".[182] Essa seção, por exemplo, indica qual configuração utilizar para que certos tipos de anúncios não sejam apresentados ao usuário.

---

[180] GOOGLE. Políticas de Privacidade do Google. *Site da Google PT-BR, seção Privacidade & Termos*. p. 05. Disponível em: https://polices.google.com/privacy?h=pt-BR. Acesso em: 18 abr. 2021.

[181] GOOGLE. Políticas de Privacidade do Google. *Site da Google PT-BR, seção Privacidade & Termos*. Disponível em: https://polices.google.com/privacy?h=pt-BR. Acesso em: 18 abr. 2021.

[182] GOOGLE. Políticas de Privacidade do Google. *Site da Google PT-BR, seção Privacidade & Termos*. p. 08. Disponível em: https://polices.google.com/privacy?h=pt-BR. Acesso em: 18 abr. 2021.

Em todas as 30 páginas da política de privacidade do Google, não há qualquer informação ou instrução sobre qual configuração de privacidade pode ser escolhida para que os registros de localização do usuário não sejam coletados, armazenados e tratados. A solução apresentada nesse sentido é a alteração da configuração do dispositivo.

A quarta seção do documento trata, especificamente, sobre o compartilhamento de informações, iniciando por aquelas que o usuário compartilha, como uma ferramenta do próprio sistema ou da rede social (*YouTube*). Essa seção inicia da seguinte forma:

> Muitos de nossos serviços permitem que você compartilhe informações com outras pessoas, e você tem o controle sobre o modo como elas são compartilhadas. Por exemplo, você pode compartilhar vídeos no *YouTube* publicamente ou optar por manter os vídeos particulares. Lembre-se de que quando você compartilha informações publicamente, o conteúdo pode ser acessado por meio de mecanismos de pesquisa, inclusive a Pesquisa do Google.
>
> Quando sua conta está conectada e você interage com alguns serviços do Google, por exemplo, deixando comentários em um vídeo do *YouTube* ou avaliando um *app* no Google Play, seu nome e sua foto aparecem ao lado da atividade. Também podemos exibir essas informações em anúncios, dependendo de sua configuração de "Recomendações compartilhadas".[183]

O segundo tópico trata daquelas informações compartilhadas pelo Google, não pelo usuário. A primeira informação que consta parece negativa, no sentido de que a regra é o não compartilhamento das informações dos usuários, já que essa seção inicia informando que: "Não compartilhamos informações pessoais com empresas, organizações ou indivíduos externos ao Google, exceto nos casos descritos abaixo".[184]

A primeira exceção prevista é em relação à autorização concedida pelo usuário. Segundo consta no documento, as informações serão compartilhadas somente se houver o consentimento do usuário, visto que as informações sensíveis exigem consentimento expresso. Há peculiaridades que devem ser observadas: além do fato de não ter sido apresentada a distinção entre o consentimento e o consentimento expresso, ao aceitar as "Políticas de Privacidade" – ou seja, marcar o

---

[183] GOOGLE. Políticas de Privacidade do Google. *Site da Google PT-BR, seção Privacidade & Termos*. p. 11. Disponível em: https://polices.google.com/privacy?h=pt-BR. Acesso em: 18 abr. 2021.

[184] GOOGLE. Políticas de Privacidade do Google. *Site da Google PT-BR, seção Privacidade & Termos*. p. 11. Disponível em: https://polices.google.com/privacy?h=pt-BR. Acesso em: 18 abr. 2021.

"li e aceito" –, o usuário está consentindo com o compartilhamento de informações a terceiros pelo *Google*.

As exceções que seguem trazem um cenário em que as informações serão compartilhadas independentemente do consentimento do usuário. São situações de fornecimento de informações a administradores de domínios para processamento externo e por motivos legais.[185]

Para os administradores de domínios, são liberadas informações referentes ao acesso e à manutenção de informações armazenadas na conta, como o e-mail, a visualização de estatísticas da conta, o número de aplicativos instalados, a alteração de senha da sua conta, a suspensão ou o encerramento da conta, além da possibilidade de receber informações "para atender qualquer legislação, regulação, ordem judicial ou solicitação governamental aplicável" e "restringir sua capacidade de excluir ou editar informações e configurações de privacidade".[186].

Além disso, independentemente do consentimento do usuário, o *Google* fornece informações pessoais às afiliadas, outras empresas ou pessoas que entende como confiáveis para processamento. Ademais, há o compartilhamento de informações pessoais fora do Google caso a empresa acredite "de boa-fé, que o acesso, o uso, a conservação ou a divulgação das informações sejam razoavelmente necessários".[187] Essas informações razoavelmente necessárias devem ser úteis para:

> Cumprir qualquer legislação, regulação, processo legal ou solicitação governamental aplicável.
> Compartilhamos informações sobre o número e o tipo de solicitações que recebemos dos governos em nosso *Transparency Report*;
> Cumprir Termos de Serviço aplicáveis, inclusive investigação de possíveis violações;
> Detectar, impedir ou lidar de alguma forma com fraudes, problemas técnicos ou de segurança;
> Proteger de prejuízos aos direitos, à propriedade ou à segurança do Google, dos nossos usuários ou do público, conforme solicitado ou permitido por lei;

---

[185] GOOGLE. Políticas de Privacidade do Google. *Site da Google PT-BR, seção Privacidade & Termos*. Disponível em: https://polices.google.com/privacy?h=pt-BR. Acesso em: 18 abr. 2021.

[186] GOOGLE. Políticas de Privacidade do Google. *Site da Google PT-BR, seção Privacidade & Termos*. p. 12. Disponível em: https://polices.google.com/privacy?h=pt-BR. Acesso em: 18 abr. 2021.

[187] GOOGLE. Políticas de Privacidade do Google. *Site da Google PT-BR, seção Privacidade & Termos*. p. 12. Disponível em: https://polices.google.com/privacy?h=pt-BR. Acesso em: 18 abr. 2021.

A seção, então, é finalizada com a informação de que dados de identificação não pessoais podem ser compartilhados publicamente com parceiros, editores, anunciantes, desenvolvedores ou detentores de direitos.[188]

Na seção seguinte, o Google propõe-se a tratar da segurança das informações, sugerindo a ideia de criação de mecanismos que ajudam o usuário e o Google a proteger a informação de qualquer ataque que busque o acesso, a alteração, a divulgação ou a destruição não autorizada das informações armazenadas. Para tanto, são utilizados mecanismos como a criptografia, outros serviços de navegação e uma análise e um armazenamento ainda mais expansivo em relação aos dados do usuário.[189] Em outras palavras, para que o usuário tenha uma proteção maior às suas informações, é preciso que ele consinta um maior acesso do Google aos seus dados.

A sexta seção apresenta a possibilidade de o usuário exportar e excluir suas informações. Nesse caso, mesmo com a exclusão dos dados, há um alerta de que, ainda após a exclusão realizada pelo usuário, os dados e informações são mantidos de forma anônima. "Além disso, alguns dados são armazenados por maiores períodos para fins comerciais ou legais legítimos, como segurança, prevenção de fraude e abuso ou manutenção de registros financeiros".[190]

A justificativa apresentada para essa conduta é a de prestação de um melhor serviço, como todas as justificativas apresentadas nessa política de privacidade. Especificamente no caso de exclusão, a demora na sua realização ou na sua manutenção, ainda que no anonimato, justifica-se por eventual erro ou arrependimento posterior do usuário. Assim, quando o usuário promove a exclusão de alguma informação ou dado, tal exclusão é realizada apenas em relação à sua interface, mas as informações e dados seguem nos servidores do Google, com a justificativa de que o usuário pode ter cometido um erro ou pode, no futuro, se arrepender de ter promovido aquela exclusão.[191]

---

[188] GOOGLE. Políticas de Privacidade do Google. *Site da Google PT-BR, seção Privacidade & Termos*. Disponível em: https://polices.google.com/privacy?h=pt-BR. Acesso em: 18 abr. 2021.

[189] GOOGLE. Políticas de Privacidade do Google. *Site da Google PT-BR, seção Privacidade & Termos*. Disponível em: https://polices.google.com/privacy?h=pt-BR. Acesso em: 18 abr. 2021.

[190] GOOGLE. Políticas de Privacidade do Google. *Site da Google PT-BR, seção Privacidade & Termos*. p. 15. Disponível em: https://polices.google.com/privacy?h=pt-BR. Acesso em: 18 abr. 2021.

[191] A justificativa apresentada pela plataforma parece coerente, mas convida o leitor a seguinte indagação: quantas vezes foi possível recuperar alguma informação ou documento, ou até mesmo conteúdo, que tenha sido excluído por engano?

Na seção que trata do *Compliance* e da cooperação com regulamentadores, aparece a informação de que a "Política de Privacidade" e a certificação dos processos são atualizadas e alteradas para que se mantenham úteis e em conformidade com a legislação. Apesar disso, grande parte dos participantes que responderam ao questionário informou que não recebeu notificações em relação às alterações da política de privacidade, sejam do *YouTube*, sejam do *Facebook*.

Especificamente para o Brasil, consta que, se a legislação de proteção de dados do Brasil se aplicar ao tratamento dos dados, serão fornecidos os controles necessários para o usuário exercer o direito de receber a confirmação sobre o tratamento de suas informações, atualizar, corrigir, anonimizar, remover e solicitar acesso às suas informações, restringir ou se opor ao tratamento de suas informações e exportar suas informações para outro serviço.[192]

Após esses esclarecimentos, o documento é complementado com 9 (nove) *links*, em que são apresentados complementos de política de privacidade, tratando de alguns serviços fornecidos a quem ativa uma conta *Google*,[193] ou seja, além do documento de 30 páginas que está em análise, o conteúdo mostrou-se insuficiente, visto que o acesso a outros diversos *links* são necessários para o complemento da informação e do consentimento.

Superados os nove *links* de serviços complementares (como *Chrome*, sistema operacional, *Payments*, *Fiber*, *YouTube Kids* etc.), são apresentados outros recursos, entendidos como úteis, em que o usuário pode buscar mais informações sobre as práticas e configurações de privacidade. Em que pese a aparente intenção de facilitar a conquista da privacidade e da autodeterminação informativa pelo usuário, o documento revela-se mero informativo, já que lança uma informação sem qualquer indicação sobre os passos que devem ser seguidos para que esses objetivos (privacidade e autodeterminação informativa) sejam alcançados.

Da página 19 até a página 22, é apresentado um glossário que recebeu a denominação "Termos-chave" – em que se busca apresentar o significado de alguns termos técnicos utilizados ao longo da explanação.

---

[192] GOOGLE. Políticas de Privacidade do Google. *Site da Google PT-BR, seção Privacidade & Termos*. Disponível em: https://polices.google.com/privacy?h=pt-BR. Acesso em: 18 abr. 2021.

[193] GOOGLE. Políticas de Privacidade do Google. *Site da Google PT-BR, seção Privacidade & Termos*. Disponível em: https://polices.google.com/privacy?h=pt-BR. Acesso em: 18 abr. 2021.

A medida parece louvável, tendo em vista que não se pode presumir que os usuários/consumidores daqueles serviços sejam conhecedores da tecnicidade que envolve a coleta, o armazenamento e o tratamento de dados.

A última seção apresentada pela "Política de Privacidade" do *Google* foi denominada "Contexto Adicional". Nela, são apresentadas diversas formas de como são utilizadas informações coletadas e exemplificadas sempre de maneira bastante positiva ao *Google*, ou seja, demonstrando como o uso das informações serve para melhorar a experiência do usuário. Uma das facilidades apresentadas é quanto ao uso dos sensores do dispositivo do usuário. A justificativa apresentada é que esse uso torna possível verificar a velocidade de deslocamento do usuário e sua direção.

Nessas linhas, será apresentada a "Política de Privacidade" constante nas "Condições Gerais de Contratação" do *YouTube*. A aceitação desses termos é condição sem a qual o usuário não obtém a ativação da conta e o acesso aos serviços prestados pelo *Google* e por essa rede social. De forma bastante semelhante, o *Facebook* apresenta "Termos de Serviços" e uma "Política de Privacidade", cuja aceitação é, assim como no caso do *YouTube*, condição essencial para ativação de uma conta e para acesso aos serviços prestados.

Na parte introdutória do termo de prestação de serviços do *Facebook*, ao dar as boas-vindas ao usuário, ele é informado de que: "O *Facebook* cria tecnologias e serviços que permitem que as pessoas estejam em contato umas com as outras, criem comunidades e desenvolvam negócios".[194] Em seguida, o documento é apresentado, sendo esclarecido que os termos do serviço regem a utilização do próprio *Facebook*, além do *Messenger* e de outros produtos, funcionalidades, aplicativos, serviços, tecnologias e *softwares* oferecidos pela *Facebook Inc*.[195]

Ainda na parte introdutória do documento, o usuário é informado de que não será cobrado pelos produtos ou serviços oferecidos e abrangidos pelos "Termos de Serviço" e que são as organizações empresariais que pagam para apresentar anúncios de produtos e serviços. A parte introdutória desse documento é encerrada com a informação de que os dados pessoais dos usuários somente são vendidos no caso de autorização:

---

[194] FACEBOOK. Política de dados do Facebook. *Site do Facebook PT BR*. Disponível em: https://www.facebook.com/settings?tab=privacy. Acesso em: 07 fev. 2023.

[195] FACEBOOK. Política de dados do Facebook. *Site do Facebook PT BR*. Disponível em: https://www.facebook.com/settings?tab=privacy. Acesso em: 07 fev. 2023.

Não vendemos os teus dados pessoais a anunciantes e não partilhamos informações que te identifiquem diretamente (como o teu nome, endereço de e-mail ou outras informações de contato) com os anunciantes, a menos que nos conceda uma permissão específica. Em vez disso, os anunciantes dão-nos informações sobre o tipo de público que pretendem que veja os respectivos anúncios e apresentamos esses anúncios a pessoas que possam estar interessadas. Fornecemos relatórios aos anunciantes sobre o desempenho dos respectivos anúncios, que os ajudam a compreender a forma como as pessoas interagem com os seus conteúdos.[196]

Em sua primeira seção, o documento apresenta os serviços que são fornecidos pelo *Facebook*, com a missão de dar, às pessoas, o poder de criar uma comunidade e de tornar o mundo mais unido. Para tanto, é oferecida uma experiência personalizada em que são realizadas ligações entre pessoas/organizações que interessam ao usuário, além de serem disponibilizadas ferramentas para que o usuário se expresse e se comunique sobre aquilo que lhe pareça mais interessante. Ainda, são oferecidos o auxílio na descoberta de conteúdos que possam ser interessantes, o combate a condutas prejudiciais, a proteção e o apoio à comunidade, a utilização e o desenvolvimento de tecnologias avançadas para disponibilização de serviços seguros e funcionais, as experiências consistentes e integradas entre todos os produtos e empresas do *Facebook*, o acesso global aos serviços e a realização de pesquisas para melhorar os serviços.[197]

A pesquisa que tem como intenção a melhoria dos serviços está diretamente ligada à coleta e ao tratamento de dados pessoais dos usuários, já que é a partir disso que o *Facebook* compreende a forma como as pessoas utilizam os seus produtos e serviços – ainda que isso seja explicado de forma mais detalhada somente em outro documento denominado "Política de Privacidade".

A segunda seção desse documento traz informações sobre a remuneração do *Facebook*, ou seja, sobre como os serviços são financiados. Novamente, menciona-se que o usuário não é cobrado, mas que, ao utilizar os produtos do *Facebook*, concorda com os termos sobre a utilização dos seus dados pessoais, como informações sobre a sua vida e seus interesses pessoais.[198]

---

[196] FACEBOOK. Política de dados do Facebook. *Site do Facebook PT BR*. p. 01. Disponível em: https://www.facebook.com/settings?tab=privacy. Acesso em: 07 fev. 2023.

[197] FACEBOOK. Política de dados do Facebook. *Site do Facebook PT BR*. Disponível em: https://www.facebook.com/settings?tab=privacy. Acesso em: 07 fev. 2023.

[198] FACEBOOK. Política de dados do Facebook. *Site do Facebook PT BR*. Disponível em: https://www.facebook.com/settings?tab=privacy. Acesso em: 07 fev. 2023.

Na terceira seção, são apresentados os compromissos que o usuário assume com o *Facebook*. Dentre outros, é apresentada a necessidade de aceitar que o conteúdo produzido e divulgado na plataforma seja utilizado pela empresa, independentemente de qualquer remuneração ou licença. Além disso, o usuário concede a permissão para divulgação desse conteúdo, para utilização do seu nome, da sua fotografia de perfil, das informações sobre as ações e interações com anúncios e conteúdos patrocinados e para a atualização de software disponíveis.[199]

Após essas informações, o documento segue com outras duas seções, as quais falam sobre as regras de uso e sobre as possibilidades de suspensão, chamando a atenção para outros 12 *links*, que redirecionam o leitor às outras políticas e aos termos aplicados aos usuários. Para este trabalho, interessa a "Política de Dados", cuja atualização ocorreu em 27 de março de 2021 e descreve as informações dos usuários que são captadas e tratadas por usuários de *Facebook*, *Instagram*, *Messenger* e de outros aplicativos e funcionalidades oferecidos pelo *Facebook Inc.*

A primeira seção da "Política de Dados" do *Facebook* apresenta a relação das informações que são armazenadas. A seção é apresentada com a informação de que, para que seja possível o fornecimento dos produtos *Facebook*, é necessário o tratamento de dados.[200] A coleta e o tratamento dos dados são apresentados, de maneira introdutória, como uma condição que possibilita a prestação do serviço e não somente uma condição para acesso ao usuário.

Utilizando um padrão semelhante ao *Google*, o *Facebook* inicia a relação de informações e dados que são coletados a partir daquelas que são necessárias para o registro da conta. São as informações e os conteúdos fornecidos pelo usuário. São recolhidos: "os conteúdos, comunicações e outras informações que fornece quando utiliza os nossos Produtos, incluindo quando te registras numa conta, crias ou partilhas conteúdos e envias mensagens ou comunicas com outras pessoas".[201] Nessa parte, são incluídas informações sobre os conteúdos postados (metadados), como a localização de uma fotografia ou a data em que um documento foi criado, ainda que o usuário não tenha compartilhado publicamente essa informação.

---

[199] FACEBOOK. Política de dados do Facebook. *Site do Facebook PT BR*. Disponível em: https://www.facebook.com/settings?tab=privacy. Acesso em: 07 fev. 2023.
[200] FACEBOOK. Política de dados do Facebook. *Site do Facebook PT BR*. Disponível em: https://www.facebook.com/settings?tab=privacy. Acesso em: 07 fev. 2023.
[201] FACEBOOK. Política de dados do Facebook. *Site do Facebook PT BR*. p. 01. Disponível em: https://www.facebook.com/settings?tab=privacy. Acesso em: 07 fev. 2023.

Também, são recolhidos e tratados dados de redes e ligações sobre as pessoas, as páginas, as contas, as *hashtags* e os grupos aos quais o usuário está ligado. Além disso, são registradas as formas como ocorre a interação e o recolhimento de informações de contato que podem ser sincronizadas a partir de um dispositivo (isso inclui a lista de contatos, o histórico e o registro de chamadas ou mensagens).[202] Outras informações coletadas são: a forma como o usuário utiliza, qual o tipo de conteúdo postado, respostado, salvo, compartilhado, quais as funcionalidades do servidor que são utilizadas, com quantas contas há interação, o tempo e a frequência dessas interações.[203]

As informações sobre compras ou transações financeiras realizadas também são armazenadas, incluindo dados de pagamento, como o número do cartão de crédito ou débito, titularidade, código de segurança, informações da conta e sobre a autenticação, além de detalhes da fatura, envio e contato com o fornecedor.[204] Em uma análise meramente superficial, já se revela um abuso em relação ao direito do consumidor de manter seus dados bancários em sigilo.

São coletadas, armazenadas e tratadas, ainda, informações que terceiros publicam em relação ao usuário, como quando outras pessoas compartilham ou comentam uma imagem, enviam mensagens, sincronizam uma lista de contatos que o usuário faz parte ou importam as informações.[205] Além dos dados prestados pelo usuário durante a utilização do aplicativo do *Facebook*, também são coletadas e armazenadas informações e dados dos dispositivos utilizados:

> Recolhemos informações de e sobre os computadores, telemóveis, TV associadas e outros dispositivos ligados à *Internet* que utilizas e que são integrados com os nossos Produtos, e combinamos estas informações nos diferentes dispositivos que utilizas. Por exemplo, utilizamos as informações recolhidas sobre a tua utilização dos nossos Produtos no teu telemóvel para personalizarmos da melhor forma os conteúdos (incluindo anúncios) ou as funcionalidades que vês quando utilizas os nosso Produtos noutro dispositivo (como o teu portátil ou *tablet*) ou para medir se efetuasse uma ação em resposta a um anúncio que te apresentámos no teu telemóvel num dispositivo diferente.[206]

---

[202] FACEBOOK. Política de dados do Facebook. *Site do Facebook PT BR*. Disponível em: https://www.facebook.com/settings?tab=privacy. Acesso em: 07 fev. 2023.
[203] FACEBOOK. Política de dados do Facebook. *Site do Facebook PT BR*. Disponível em: https://www.facebook.com/settings?tab=privacy. Acesso em: 07 fev. 2023.
[204] FACEBOOK. Política de dados do Facebook. *Site do Facebook PT BR*. Disponível em: https://www.facebook.com/settings?tab=privacy. Acesso em: 07 fev. 2023.
[205] FACEBOOK. Política de dados do Facebook. *Site do Facebook PT BR*. Disponível em: https://www.facebook.com/settings?tab=privacy. Acesso em: 07 fev. 2023.
[206] FACEBOOK. Política de dados do Facebook. *Site do Facebook PT BR*. p. 02. Disponível em: https://www.facebook.com/settings?tab=privacy. Acesso em: 07 fev. 2023.

Esses dados coletados dos dispositivos são técnicos e operacionais, mas não só isso. São, também, informações pessoais do usuário ou de terceiros caso o dispositivo não seja propriamente do usuário. São recolhidas informações, como versões do *software* e *hardware*, nível de bateria e comprometimento do aparelho, força do sinal, espaço de armazenamento disponível, tipo de *browser*, nomes e tipos de aplicativos e documentos e *plug-ins*. Igualmente, são coletadas informações sobre o comportamento e as operações efetuadas no dispositivo, identificadores do dispositivo e de contas, aplicativos ou *logins* utilizados, sinais de *Bluetooth* e torres de rede móvel, *beacons* e pontos de acesso *Wi-Fi*, assim como definições do dispositivo, como acesso à localização, à câmera ou às fotografias, às redes e às ligações – como a operadora ou o fornecedor de serviços de *Internet* –, ao idioma, ao horário, ao número de telefone, ao endereço de IP e à velocidade de rede. Além disso, salienta-se que, "em alguns casos, [são coletadas] informações sobre outros dispositivos nas proximidades ou na tua rede, para que possamos fazer coisas como ajudar-te a transmitir um vídeo do teu telemóvel para a tua tv".[207] Ainda, são registrados dados de *cookies* armazenados no seu dispositivo, incluindo definições e identificações de *cookies*.

A segunda seção da "Política de Dados" do *Facebook* traz a justificativa para a coleta, o armazenamento e o tratamento dos dados, apresentando a maneira como são utilizados. As justificativas são as mais variadas, desde o fornecimento, a personalização e a melhoria dos produtos e serviços fornecidos ao usuário, até o provimento de medições, estatísticas e outros serviços empresariais para anunciantes. Nesse texto, salienta-se, também, que, além de promover a proteção, integridade e segurança, almeja-se:

> Realizar e apoiar investigações e inovações de tópicos de previdências social geral, avanços tecnológicos, interesse público, saúde e bem-estar. Por exemplo, analisamos as informações que temos sobre os padrões de migração durante crises para apoiar as equipes de ajuda humanitária.[208]

Em seguida, o documento apresenta uma seção cujo objetivo é informar de que maneira as informações e os dados são compartilhados com terceiros. A primeira forma de compartilhamento de dados e de

---

[207] FACEBOOK. Política de dados do Facebook. *Site do Facebook PT BR*. p. 03. Disponível em: https://www.facebook.com/settings?tab=privacy. Acesso em: 07 fev. 2023.
[208] FACEBOOK. Política de dados do Facebook. *Site do Facebook PT BR*. p. 05. Disponível em: https://www.facebook.com/settings?tab=privacy. Acesso em: 07 fev. 2023.

informações decorre do próprio uso da rede social – ou seja, quando o usuário opta por promover uma publicação ou compartilhar algum conteúdo, está disponibilizando informações a outros usuários da rede social.[209]

As informações públicas podem ser vistas por qualquer pessoa, incluindo as que não têm uma conta em algum produto ou plataforma do *Facebook*. "Isto inclui o teu nome de utilizador do *Instagram*, quaisquer informações que partilhes publicamente, as informações no teu perfil público do *Facebook* e os conteúdos que partilhas numa página do *Facebook*".[210]

Outra forma de conceder acesso às informações e aos dados do usuário a terceiros refere-se à atuação de outros usuários – ou seja, quando o titular de um dado compartilha essa informação com outro usuário, o documento busca isentar a plataforma em relação ao repasse que o segundo usuário pode fazer a partir do recebimento de tais informações ou dados.[211]

Informações sobre a presença *online* do usuário também são compartilhadas com terceiros, assim como informações e dados são compartilhados com outros serviços e terceiros que utilizam ou estão integrados aos produtos da plataforma.

> Por exemplo, quando jogas um jogo com os teus amigos do *Facebook* ou quando utilizas o botão Comentar ou Partilhar do *Facebook* num *site*, o programador do jogo ou *site* pode obter informações sobre as tuas atividades no jogo ou receber um comentário ou uma ligação que partilhas a partir do site no *Facebook*. Além disso, quando descarregas ou utilizas serviços de terceiros, este podem aceder ao teu perfil público no *Facebook* e a quaisquer informações que partilhes com os mesmos.[212]

Os aplicativos e *sites* utilizados pelo usuário podem receber a lista de amizades, e os dados e as informações desses outros usuários podem ser submetidos aos termos de serviços e política de privacidade

---

[209] FACEBOOK. Política de dados do Facebook. *Site do Facebook PT BR*. Disponível em: https://www.facebook.com/settings?tab=privacy. Acesso em: 07 fev. 2023.
[210] FACEBOOK. Política de dados do Facebook. *Site do Facebook PT BR*. p. 06. Disponível em: https://www.facebook.com/settings?tab=privacy. Acesso em: 07 fev. 2023.
[211] FACEBOOK. Política de dados do Facebook. *Site do Facebook PT BR*. Disponível em: https://www.facebook.com/settings?tab=privacy. Acesso em: 07 fev. 2023.
[212] FACEBOOK. Política de dados do Facebook. *Site do Facebook PT BR*. p. 07. Disponível em: https://www.facebook.com/settings?tab=privacy. Acesso em: 07 fev. 2023.

dos respectivos *sites* e aplicativos, não aos do *Facebook*.[213] Em outras palavras, quando um usuário do *Facebook* acessa algum outro aplicativo vinculado a essa rede social, mas que não pertença ao conglomerado empresarial encabeçado por *Facebook Inc.*, o usuário do *Facebook* não toma ciência da extensão da circulação das informações e dos dados coletados. É importante dizer que não toma ciência porque o *Facebook* não lhe dá ciência.

O usuário é alertado para o fato de que as informações e os dados serão repassados ao terceiro que, eventualmente, promover a aquisição da propriedade ou do controle do todo ou em parte dos produtos e/ou ativos. O documento esclarece que o *Facebook* trabalha com parceiros externos às empresas do grupo, no intuito de fornecer melhores serviços e produtos ao usuário ou aos que utilizam as ferramentas de negócios do *Facebook* para expandirem seus trabalhos, possibilitando a gestão das empresas e o fornecimento de serviços de maneira gratuita.[214]

Existem terceiros que contratam serviços de análise de dados do *Facebook* e recebem estatísticas que auxiliam na promoção de estratégias de vendas e de negócios. Essas análises possibilitam a verificação sobre a interação dos usuários com publicações, anúncios, vídeos e todos os conteúdos dentro e fora das plataformas e dos aplicativos do *Facebook*.[215] Anunciantes recebem relatórios de informações e dados sobre o tipo de pessoas que veem seus anúncios e sobre o desempenho do mesmo, bem como são partilhadas informações do usuário com empresas que fornecem os serviços de análise estatística para o próprio *Facebook*.[216]

Quando o usuário promove uma assinatura *premium* ou compra algo anunciado no *Facebook*, por exemplo, o criador do conteúdo ou o vendedor recebem as informações desses usuários, incluindo as bancárias e os detalhes de envio e contato. Dados do usuário também são repassados aos fornecedores e prestadores de serviços "que suportam nosso negócio, como ao fornecer serviços técnicos de infraestruturas, analisar a forma como os nossos Produtos são utilizados, prestar apoio ao cliente, facilitar pagamentos ou realizar inquéritos".[217]

---

[213] FACEBOOK. Política de dados do Facebook. *Site do Facebook PT BR*. Disponível em: https://www.facebook.com/settings?tab=privacy. Acesso em: 07 fev. 2023.
[214] FACEBOOK. Política de dados do Facebook. *Site do Facebook PT BR*. Disponível em: https://www.facebook.com/settings?tab=privacy. Acesso em: 07 fev. 2023.
[215] FACEBOOK. Política de dados do Facebook. *Site do Facebook PT BR*. Disponível em: https://www.facebook.com/settings?tab=privacy. Acesso em: 07 fev. 2023.
[216] FACEBOOK. Política de dados do Facebook. *Site do Facebook PT BR*. Disponível em: https://www.facebook.com/settings?tab=privacy. Acesso em: 07 fev. 2023.
[217] FACEBOOK. Política de dados do Facebook. *Site do Facebook PT BR*. p. 08. Disponível em:

Os termos também salientam que as informações e os dados do usuário também são fornecidos a parceiros de investigação e acadêmicos para a realização de pesquisas descritas da seguinte forma: pesquisas "que promovam bolsas de estudo e inovações que apoiem o nosso negócio".[218] Ainda, podem ser pesquisas que permitam a descoberta e a inovação de tópicos de previdência social, de avanços tecnológicos ou de interesse público – como saúde e bem-estar. Por fim, o usuário é informado de que informações e dados são compartilhados com autoridades policiais ou em resposta a determinações judiciais, de acordo com determinadas circunstâncias.[219]

O documento traz esses esclarecimentos quanto ao fornecimento de informações e dados a terceiros, mas na parte em que passaria a tratar sobre o controle dessas informações, são apresentados ao leitor outros dois documentos: "Definições do *Facebook*" e "Definições do *Instagram*".

Ao final, o usuário é alertado de que podem existir alterações frequentes nas políticas de privacidade, mas ele será notificado com antecedência e terá a oportunidade de consultar as novas políticas antes de optar por continuar utilizando os produtos e serviços oferecidos.[220] Tal situação não é confirmada pelos usuários, como se pode ver nas respostas do questionário feito pelo autor desta pesquisa, já que quase a totalidade dos participantes respondeu que não recebeu notificações sobre isso.

O documento deixa bastante claro que, além da aceitação dos termos de serviço e políticas de privacidade, quando o usuário cria uma conta, para a manutenção dessa, é necessário que o usuário submeta-se a todas as alterações realizadas nas políticas de privacidade que ocorrerão no futuro.

## 2.3 As relações entre os usuários: o *Facebook* e o *YouTube* a partir da lente do observador

Na busca pela ampliação da proteção de dados, o consentimento deixa de ser a única base legal, dando lugar a outros elementos alheios

---

https://www.facebook.com/settings?tab=privacy. Acesso em: 07 fev. 2023.
[218] FACEBOOK. Política de dados do Facebook. *Site do Facebook PT BR*. p. 08. Disponível em: https://www.facebook.com/settings?tab=privacy. Acesso em: 07 fev. 2023.
[219] FACEBOOK. Política de dados do Facebook. *Site do Facebook PT BR*. Disponível em: https://www.facebook.com/settings?tab=privacy. Acesso em: 07 fev. 2023.
[220] FACEBOOK. Política de dados do Facebook. *Site do Facebook PT BR*. Disponível em: https://www.facebook.com/settings?tab=privacy. Acesso em: 07 fev. 2023.

à capacidade volitiva do usuário, como direito de acesso, retificação e exclusão, mas sem perder a centralidade. Tal circunstância, a toda evidência, não significa tornar o tratamento de dados um "cheque em branco" dado ao controlador. É necessário que o pleno interesse do titular dos dados seja observado, com ou sem documento formalizado de consentimento. "Trata-se da comprovação da existência de base legal pelo controlador, o respeito aos direitos fundamentais e de personalidade, além das salvaguardas já estabelecidas pela teoria do direito, como a proibição de abuso do direito e boa-fé".[221]

A boa fé, apresentada em pelo menos 56 oportunidades no Código Civil, disciplina as relações de direito privado de maneira geral ao impor a interpretação dos negócios jurídicos, mediante a sua observação, no artigo 113. A boa-fé foi elevada, também, na proteção de dados, à condição de elemento central, merecendo destaque na Lei Geral de Proteção de Dados, em especial, no artigo 6º, que determina a observação da boa-fé e dos demais princípios, revelando a fundamentalidade desse elemento para a proteção de dados.

Da mesma forma, para o direito do consumidor, tem-se a boa-fé como elemento central das relações entre fornecedores e consumidores, devendo ser aplicada em todas as fases da relação, ou seja, na etapa pré-contratual, contratual e pós-contratual.[222] A obrigação deve ser interpretada como um processo com fases independentes entre si e os deveres acessórios atingem aos sujeitos da relação na forma de proteção, prestação de contas, esclarecimento, informações, cuidado, sigilo e cooperação.[223]

Quando normalmente os primeiros dados do consumidor começam a ser coletados, a transparência e a boa-fé objetiva devem incidir nessa relação. O consumidor deve ser instado a se manifestar a respeito da coleta do dado e a aceitar, ou não, seu uso para determinado fim.[224] Para que qualquer relação jurídica privada seja formada, é necessária a observação dos deveres inerentes à boa-fé, que tem, como uma das suas razões de ser, a existência da informação assimétrica entre os participantes de obrigações nas relações civis.[225]

---

[221] CHAVES, João Guilherme Pereira. O dever de informar na Lei Geral de Proteção de Dados: importância e limites. *In*: TOMASEVICIUS FILHO, Eduardo *et al.* (Orgs.). *Inteligência artificial, proteção de dados e cidadania*. Cruz Alta: Ilustração, 2020. V. 2, p. 279-281.

[222] CHAVES, João Guilherme Pereira. O dever de informar na Lei Geral de Proteção de Dados: importância e limites. *In*: TOMASEVICIUS FILHO, Eduardo *et al.* (Orgs.). *Inteligência artificial, proteção de dados e cidadania*. Cruz Alta: Ilustração, 2020. V. 2, p. 279-281.

[223] COUTO E SILVA, Clovis do. *A obrigação como processo*. São Paulo: J. Bushatsky, 1976.

[224] BLUM, Rita Peixoto Ferreira. *O direito à privacidade e a proteção de dados do consumidor*. São Paulo: Almedina, 2018.

[225] TOMASEVICIUS FILHO, Eduardo. *O princípio da boa-fé no Direito Civil*. São Paulo: Almedina, 2020.

Portanto, em uma sociedade movida pela economia de dados, a boa-fé é muito mais do que o indicativo pelo qual se deve pautar a conduta das partes de uma relação jurídica privada, mas, acima de tudo, uma salvaguarda do titular de dados. A não observância das obrigações de boa-fé, em um âmbito de proteção de dados pessoais, significa a responsabilização civil do controlador e do operador dos dados pessoais, na medida em que a responsabilidade solidária apresenta-se na LGPD, nos artigos 42 e 45.[226,227]

No ordenamento jurídico brasileiro, o consentimento não é, em todos os casos, obrigatório para o tratamento de dados pessoais por terceiros, o que pode ser lido na Lei Geral de Proteção de Dados e nas diversas dispensas do consentimento, contidas na regulação (artigos 7º e 11). No entanto, políticas de privacidade ainda são um instrumento vital para a comunicação sobre como e para qual finalidade um dado pessoal será coletado e utilizado. Dessa forma, é inegável a importância, no ordenamento jurídico brasileiro, acerca da proteção de dados pessoais.

De outro lado, as dispensas do consentimento, como o legítimo interesse, não se traduzem em permissões sem limites. O titular ainda possui garantia do controle dos seus dados, podendo exercer direito de oposição em qualquer fase do tratamento. Tal controle também deverá ser informado, demonstrando que, em toda a obrigação do controlador frente ao titular, existe a necessidade da prestação de informação de maneira discriminada pela lei.[228]

O dever de informação não se limita à mera transmissão objetiva de uma informação, sendo composto, também, e principalmente, pelo dever de esclarecimento e de conselho. O esclarecimento traduz-se na facilitação da compreensão da informação entre as partes, não apenas transmitindo-a, mas proporcionando, ao receptor, a compreensão do significado da mensagem. "A informação deve ser clara, inteligível e

---

[226] CHAVES, João Guilherme Pereira. O dever de informar na Lei Geral de Proteção de Dados: importância e limites. *In*: TOMASEVICIUS FILHO, Eduardo *et al*. (Orgs.). *Inteligência artificial, proteção de dados e cidadania*. Cruz Alta: Ilustração, 2020. V. 2, p. 279-281.

[227] Mesmo que o dever de informar seja responsabilidade única e exclusiva do controlador, não havendo, na LGPD, previsão quanto à participação do operador, a correta observação da boa-fé exige a busca pela cooperação entre operador e controlados, na prestação do dever de informar, no caso de requisição pelo titular, durante o tratamento dos dados pessoais. Isso porque o operador de dados pessoais possui diversas informações necessárias para a completa prestação do dever de informar, em vista do acesso aos dados, forma de tratamento, local de tratamento, segurança aplicada e outras informações.

[228] CHAVES, João Guilherme Pereira. O dever de informar na Lei Geral de Proteção de Dados: importância e limites. *In*: TOMASEVICIUS FILHO, Eduardo *et al*. (Orgs.). *Inteligência artificial, proteção de dados e cidadania*. Cruz Alta: Ilustração, 2020. V. 2, p. 279-281.

completa".²²⁹ Portanto, a utilização de terminologia técnica e jurídica não pode ser obstáculo à correta compreensão da informação repassada.

A assimetria e a vulnerabilidade típicas das relações de consumo intensificam-se quando tais relações são inseridas no contexto da captação e do tratamento de dados pessoais em ambientes digitais, havendo maior necessidade de observação do dever de informar de maneira clara, ou seja, compreensível ao usuário. Quando há o consentimento, o usuário titular opta pela cessão das suas informações, independentemente dos riscos, tendo em vista seu conforto e a recompensa imediata que leva ao tratamento dos dados. "Ainda que o dever de informação esteja sendo seguido, o âmbito da proteção desses dados estará limitado".²³⁰ O mesmo raciocínio pode ser utilizado em relação ao controle desses dados durante o tratamento, nos casos de dispensa de consentimento.

Algumas formas de controle, mais especificamente, a informação sobre o legítimo interesse do controlador e a revisão de tratamento automatizado, são, pela sua própria natureza, dotadas de terminologias técnicas que dificultam seu exercício. A posição do Brasil demonstra por qual razão o Direito Brasileiro simplesmente absorveu a norma europeia, em linhas gerais, ao desenhar a sua própria regulação geral de proteção de dados pessoais.²³¹ De outro lado, espera-se que o mercado digital brasileiro se desenvolva de maneira sustentável em respeito ao titular dos dados. Esse equilíbrio, que foi buscado na lei europeia, também é desenhado na lei brasileira.

Os direitos do titular são preocupação central em ambas as normas e têm, como objetivo, que o indivíduo não sofra danos à personalidade decorrente de tratamento ilegal de dados pessoais. Para ilustrar, usando os termos próprios do legislador, a lei apresenta, entre seus fundamentos básicos, a autodeterminação informativa e o livre desenvolvimento da personalidade – LGPD, Art. 2º, II e VII. Junto a isso, soma-se: a liberdade de expressão, de informação, de comunicação e de opinião; o desenvolvimento econômico e tecnológico; a inovação (LGPD, art. 2º, III e V).²³²

---

²²⁹ CHAVES, João Guilherme Pereira. O dever de informar na Lei Geral de Proteção de Dados: importância e limites. *In*: TOMASEVICIUS FILHO, Eduardo *et al.* (Orgs.). *Inteligência artificial, proteção de dados e cidadania.* Cruz Alta: Ilustração, 2020. V. 2, p. 279-281.

²³⁰ CHAVES, João Guilherme Pereira. O dever de informar na Lei Geral de Proteção de Dados: importância e limites. *In*: TOMASEVICIUS FILHO, Eduardo *et al.* (Orgs.). *Inteligência artificial, proteção de dados e cidadania.* Cruz Alta: Ilustração, 2020. V. 2, p. 279-281.

²³¹ DONEDA, Danilo. Princípios de proteção e dados pessoais. *In*: DE LUCCA, Newton; SIMAO FILHO, Adalberto; LIMA, Cintia Rosa Pereira de (Orgs.). *Direito e Internet III*: Marco Civil da Internet (Lei n. 12.965/2014). Tomo I. São Paulo: Quartier Latin, 2015.

²³² GOMES, Rodrigo Dias de Pinho. *Big data*: desafios à tutela da pessoa humana na sociedade da informação. Lumen Juris: Rio de Janeiro, 2019.

Assim sendo, os direitos do titular giram ao redor da noção de autodeterminação informativa e do livre desenvolvimento da personalidade. O rol de direitos do titular busca muni-lo de ferramentas para melhor exercer a soberania sobre seus dados pessoais. A relação jurídica criada pela LGPD permite, ao titular, concretizar frente ao controlador do tratamento dos dados: as requisições de confirmação da existência de tratamento; o acesso aos dados; a correção de dados incompletos, inexatos ou desatualizados; a anonimização, bloqueio ou eliminação de dados desnecessários, excessivos ou tratados em desconformidade à LGPD; a portabilidade dos dados; a informação sobre o compartilhamento de dados; a informação sobre a possibilidade de não fornecer consentimento e sobre as consequências da negativa; e, por fim, a revogação do consentimento – LGPD, Art. 18.

Vê-se que todos os direitos do titular estabelecidos pela LGPD referem-se diretamente ao seu controle sobre seus dados. O consentimento não é (e nem deve ser) o único vetor de proteção de dados pessoais. O elemento volitivo do consentimento atingiu um *status* em que sua adjetivação como informado, livre, expresso, específico ou inequívoco[233] é uma ilusão.

Por essa razão, o consentimento deixa de ser a única expressão da proteção dos dados pessoais e torna-se um elemento a par com outros fundamentos de licitude ao tratamento desses dados pessoais. Deixa de ser uma relação meramente contratual baseada na vontade das partes e torna-se uma obrigação jurídica mais ampla.

Por conseguinte, a grande problemática encontra-se na informação necessária para que o consentimento seja informado. O mesmo problema repete-se no que diz respeito ao poder do titular ao exercer controle sobre seus dados, durante o tratamento (acesso, correção, eliminação, portabilidade), visto que, para que seu controle seja completamente exercido, é necessário que o indivíduo seja *informado* do tratamento dos dados, quando requerido ao controlador.[234]

Assim, nota-se o papel central da informação para o efetivo direito de proteção de dados. Ainda em relação aos artigos norteadores do sistema de proteção criado pela LGPD, cabe citar que, dentro do rol de princípios que devem ser observados na atividade de tratamento

---

[233] BIONI, Bruno Ricardo. *Proteção de dados pessoais*: a função e os limites do consentimento. 3. ed. Rio de Janeiro: Editora Forense, 2021.

[234] CHAVES, João Guilherme Pereira. O dever de informar na Lei Geral de Proteção de Dados: importância e limites. In: TOMASEVICIUS FILHO, Eduardo et al. (Orgs.). *Inteligência artificial, proteção de dados e cidadania*. Cruz Alta: Ilustração, 2020. V. 2, p. 279-281.

de dados pessoais, além, naturalmente, da boa-fé, existe o princípio da transparência, cujo conteúdo envolve a garantia de informações claras, precisas e facilmente acessíveis sobre o tratamento de dados pessoais. "A informação é central na LGPD, aparecendo não apenas como direito inerente ao titular, como, também, requisito básico para que possa ser exercido outros direitos consagrados pelo mesmo marco normativo".[235]

Nesse passo, o documento apresentado pelo *Google* informa que ele se destina a ajudar o usuário a entender quais informações são coletadas, o motivo da coleta e como o consumidor pode atualizar, gerenciar, exportar e excluir esses dados. O contrato utiliza uma linguagem que parece demonstrar a possibilidade de negociação dos termos e das condições, mas a leitura mais atenta revela que se trata de um contrato de adesão em que o usuário deve concordar com os termos ali constantes para que, então, possa utilizar o serviço.

Além dessas informações, sugere o documento que, ao criar uma conta do *Google* e fornecer informações pessoais, o usuário opta por isso. Novamente, utiliza-se uma linguagem inapropriada, já que induz à conclusão de que, por exemplo, fornecer um número de telefone ou informações de pagamento é uma forma de facilitar a vida do usuário.[236] Não se menciona que tais informações podem ser fornecidas a terceiros e que todos os arquivos, como fotografias/imagens, documentos, planilhas, comentários feitos em vídeos do *YouTube,* ficam armazenados. Essas informações são fornecidas de fato, mas a partir de uma linguagem técnica, o que pode causar confusão em quem efetua a leitura.

Ainda na primeira parte do documento, consta que são armazenadas, nos servidores, as informações referentes à atividade do usuário, aos termos de pesquisa, aos vídeos que são assistidos etc. O que não aparece é a relação que o acesso, o armazenamento e o tratamento desses dados tem com a recomendação de vídeos do *YouTube* ao usuário, em especial, quando parece evidente que o próprio histórico poderia ser utilizado para tal fim.

O documento do *Google* falha, também, quando trata das informações e dos dados sobre a localização, que são coletados ao argumento de que serão utilizados para que sejam ofertados recursos, como rotas de carro para viagem de fim de semana ou horários de filmes que estão

---

[235] CHAVES, João Guilherme Pereira. O dever de informar na Lei Geral de Proteção de Dados: importância e limites. *In*: TOMASEVICIUS FILHO, Eduardo et al. (Orgs.). *Inteligência artificial, proteção de dados e cidadania*. Cruz Alta: Ilustração, 2020. V. 2, p. 279-281.

[236] GOOGLE. Políticas de Privacidade do Google. *Site da Google PT-BR, seção Privacidade & Termos*. Disponível em: https://polices.google.com/privacy?h=pt-BR. Acesso em: 18 abr. 2021.

próximos ao usuário. Nesse trecho, o documento destaca que é possível, ao usuário, ativar ou desativar a localização do dispositivo[237] para evitar que esses dados sejam coletados, o que afronta ao disposto nos incisos do artigo 18, da Lei Geral de Proteção de Dados. A lei impõe, aos operadores e controladores de dados, além de disponibilizar, ao titular, a possibilidade de vedar a utilização e o tratamento de seus dados, a obediência à vontade desse. Ao impor, ao usuário, a obrigação de desativar uma função do dispositivo que está usando, o controlador de dados (o *Google* nesse caso) está desvirtuando o dispositivo legal e impondo, ao usuário, inclusive, uma limitação ao exercício de direitos.

Além disso, nas duas primeiras seções das condições de contratação do *Google,* em que são informados quais os dados coletados e o motivo da coleta, não há qualquer informação sobre o acesso de terceiros a esses dados. Em que pese a informação de que "Você tem escolhas em relação às informações que coletamos e como elas são usadas",[238] na verdade, o que se tem são informações e instruções quanto às informações que chegam até o usuário, não sobre aquelas que são coletadas. Essa seção, por exemplo, indica qual configuração utilizar para que certos tipos de anúncios não sejam apresentados ao usuário, mas não faz qualquer referência sobre qual configuração utilizar para que os dados de uma ligação telefônica não sejam armazenados ou repassados a terceiros.

Há uma indicação sobre alteração no dispositivo em que se revela que a coleta de dados e de informações ocorre estando o usuário conectado ou não – e que demonstra como facilmente as normas insculpidas no CDC e na LGPD podem ser subvertidas. A empresa afirma o seguinte sobre as configurações do dispositivo do usuário: "... seu dispositivo pode ter controles que determinam quais informações coletamos. Por exemplo, é possível modificar configurações de localização do seu dispositivo *Android*".[239]

Em todas as 30 páginas da política de privacidade do *Google,* não há qualquer instrução no sentido de informar o consumidor sobre

---

[237] GOOGLE. Políticas de Privacidade do Google. *Site da Google PT-BR, seção Privacidade & Termos*. Disponível em: https://polices.google.com/privacy?h=pt-BR. Acesso em: 18 abr. 2021.

[238] GOOGLE. Políticas de Privacidade do Google. *Site da Google PT-BR, seção Privacidade & Termos*. Disponível em: https://polices.google.com/privacy?h=pt-BR. Acesso em: 18 abr. 2021.

[239] GOOGLE. Políticas de Privacidade do Google. *Site da Google PT-BR, seção Privacidade & Termos*. Disponível em: https://polices.google.com/privacy?h=pt-BR. Acesso em: 18 abr. 2021.

qual configuração de privacidade pode ser escolhida para que os registros de localização do usuário não sejam coletados, armazenados e tratados. A solução apresentada nessa perspectiva é a alteração da configuração do dispositivo. Tal situação não se coaduna com a lei, como já referido, na medida em que demonstra que o usuário não possui condições de limitar o acesso e armazenamento do *Google* em relação à sua localização, sem que isso implique na limitação de uso de outras ferramentas, como GPS, por exemplo.

A seção que trata daquelas informações compartilhadas pelo *Google* e não pelo usuário também causa mais confusão ao consumidor do que propriamente algum esclarecimento ou alguma orientação que torne o consentimento válido. A primeira informação que consta parece negativa. A regra é o não compartilhamento das informações dos usuários, já que essa seção inicia informando o seguinte: "Não compartilhamos informações pessoais com empresas, organizações ou indivíduos externos ao *Google*, exceto nos casos descritos abaixo".[240] Todavia, a parte final desse destaque e a leitura atenta das exceções trazidas pelo documento revelam que a regra é o compartilhamento de todo e qualquer tipo de informação ou dado dos usuários, sejam esses sensíveis ou não.

Ainda, nas páginas 19-22, o *Google* apresenta um glossário, em que busca apresentar o significado de alguns termos técnicos utilizados para que usuários leigos possam entender o documento. Todavia, o questionário realizado nesta pesquisa e a leitura do glossário revelam que tal medida não atinge seu objetivo. De maneira meramente exemplificativa, é possível observar que, ao apresentar o significado de *algoritmo*, o documento revelou-se um fracasso. Isso porque o significado apresentado, nem de longe, esclarece, ao usuário comum, o que é um algoritmo nas redes sociais ofertadas. É pouco provável que um leigo com poucos conhecimentos técnicos sobre informática consiga entender a seguinte definição: "Processo ou conjunto de regras seguido por um computador durante operações de resolução de problemas".[241]

O *Google* apresenta, ainda, facilidades quanto ao uso dos sensores do dispositivo do usuário. A justificativa apresentada é no sentido de

---

[240] GOOGLE. Políticas de Privacidade do Google. *Site da Google PT-BR, seção Privacidade & Termos*. p. 11. Disponível em: https://polices.google.com/privacy?h=pt-BR. Acesso em: 18 abr. 2021.

[241] GOOGLE. Políticas de Privacidade do Google. *Site da Google PT-BR, seção Privacidade & Termos*. p. 19. Disponível em: https://polices.google.com/privacy?h=pt-BR. Acesso em: 18 abr. 2021.

que se torna possível a verificação da velocidade a que se desloca o usuário e descobrir a direção para onde ele está se deslocando. O que não é informado são as diversas maneiras diferentes dessa que podem ter o uso das informações coletadas, já que o acesso aos sensores do dispositivo leva, em última análise, à possibilidade de captação de sons e de imagens por meio dos microfones e câmeras. A análise dos termos e condições apresentados pelo *Facebook* revela que, assim como no caso do *Google*, a rede social não respeita, minimamente, a privacidade de seus usuários e suas obrigações quanto à coleta de um consentimento válido.

Na primeira seção, além de prestar informações com termos técnicos e uma linguagem cansativa (que parece ter a intenção de causar, no leitor, a ideia de que tal leitura é dispensável), são apresentados outros 06 (seis) *links* que devem ser acessados para se compreender, de maneira pormenorizada, a totalidade das informações que são coletadas, armazenadas e tratadas. O documento esclarece que o *Facebook* trabalha com parceiros externos às empresas do grupo no intuito de fornecer melhores serviços e produtos ao usuário ou aos que utilizam as ferramentas de negócios da rede social para expandirem seus negócios. É possível perceber que as informações e os dados são o "custo" que o usuário paga pelos serviços e produtos fornecidos, supostamente, de maneira gratuita, pelo aplicativo.

Em conjunto com a análise das respostas ao questionário, tais observações sugerem um limite desse consentimento na sua incapacidade de ser informado de maneira qualitativa e quantitativa. Mesmo com usuários com escolaridade mais elevada, o que se observa é que não é realizada a leitura das condições gerais de contratação e política de privacidade. O usuário médio não possui o conhecimento básico e, portanto, disposição para a leitura das condições gerais de contratação e políticas de privacidades das redes sociais. "Ainda que o prestador do serviço digital arque de maneira transparente com o seu dever de informação, apresentando todos os elementos necessários para a compreensão do tratamento dos dados e suas implicações, a informação apresenta dificuldades pela sua complexidade inerente".[242] O consentimento sem informação compreensível será utilizado em prejuízo ao usuário.

A pesquisa revela que parcela significativa dos usuários ignora os termos de consentimento, as condições gerais de contratação e as

---

[242] CHAVES, João Guilherme Pereira. O dever de informar na Lei Geral de Proteção de Dados: importância e limites. *In*: TOMASEVICIUS FILHO, Eduardo *et al*. (Orgs.). *Inteligência artificial, proteção de dados e cidadania*. Cruz Alta: Ilustração, 2020. V. 2, p. 286.

políticas de privacidade dos serviços de redes sociais, confirmando o que Joanthan A. Obar e Anne Oeldorf-Hirsch²⁴³ chamaram de a maior mentira da *Internet*. Em todos os contextos, as entidades envolvidas no gerenciamento, na captação e no tratamento de dados utilizam-se de ferramentas como políticas de privacidade, termos de serviços e condições gerais de contratação para fornecer, aos usuários, materiais de consentimento. Essas ferramentas aparecem em sites e aplicativos, geralmente, quando o usuário se conecta pela primeira vez e (pelos menos, deveriam) quando essas políticas mudam.²⁴⁴ Isso leva-nos à maior mentira da *Internet*, conhecida como "Li e aceito" ou "*I agree to these terms and conditions*".²⁴⁵

Os resultados encontrados nesta pesquisa apoiam afirmações anteriores de que os usuários estão habituados a aceitar solicitações de consentimento apenas para garantir o acesso à determinada rede social, sem, de fato, consentir com o que está assinalando. A falta de compreensão é resultado da falha do dever de prestação de informação e é um elemento que contribui para a diminuição da importância do consentimento na proteção de dados pessoais.²⁴⁶ A clareza na informação para a expressão do consentimento é fundamental, mas a tecnicidade excessiva da temática conduz ao consentimento pelo usuário, independentemente, dos efeitos que o tratamento de dados pessoais possa significar.

Ainda que não seja toda a base da proteção de dados pessoais, o consentimento é o que melhor representa a autodeterminação informativa e o poder de ação do titular dos dados. "É no consentimento que o indivíduo deveria melhor expressar a decisão sobre seus dados, sendo efetivamente a melhor expressão de ação".²⁴⁷ Nesse sentido, a

---

[243] OBAR, Jonathan A.; OELDORF-HIRSCH, Anne. The Biggest Lie of the Internet: Ignoring the Privacy Policies and Terms of Service Polices of Social Networking Services. *Information, Commuunication & Society*, p. 1-37, 2018. Disponível em: http://dx.doi.org/10.2139/ssrn.2757465. Acesso em: 24 abr. 2021.

[244] OBAR, Jonathan A.; OELDORF-HIRSCH, Anne. The Biggest Lie of the Internet: Ignoring the Privacy Policies and Terms of Service Polices of Social Networking Services. *Information, Commuunication & Society*, p. 1-37, 2018. Disponível em: http://dx.doi.org/10.2139/ssrn.2757465. Acesso em: 24 abr. 2021.

[245] "Eu concordo com estes termos e condições" em tradução feita pelo autor.

[246] KRUMAY, B. KLAIR J. Readbility of Privacy Polices. *In*: SINGHAL A., VAIDYAL J. Data and Applications Security and Privacy XXXIV. Lecture Notes in Computer Science. *Springer International Publishing*, Cham 2020.

[247] CHAVES, João Guilherme Pereira. O dever de informar na Lei Geral de Proteção de Dados: importância e limites. *In*: TOMASEVICIUS FILHO, Eduardo *et al.* (Orgs.). *Inteligência artificial, proteção de dados e cidadania*. Cruz Alta: Ilustração, 2020. V. 2, p. 279-281.

informação ganha significativa importância, em especial, diante do fato de que a dificuldade de acesso à informação (compreender, de maneia clara, os termos e condições impostos pela rede social) gera o vício no consentimento.

O estudo revelou que, mesmo quando os participantes não ignoram as condições gerais de contratação e a política de privacidade, a maioria parece não compreender exatamente o que está aceitando – ainda que tenha respondido, de maneira positiva, à pergunta quanto à compreensão da política de privacidade. Embora quase todos os participantes tenham demonstrado que ignoram, total ou parcialmente, as condições gerais de contratação ou não tenham a exata compreensão das políticas de privacidade a que estão se submetendo, a análise das condições gerais de contratação revela que o objetivo de garantir o consentimento e cumprir com o dever de informar se esvazia.

Além disso, a pesquisa revelou um paradoxo de privacidade. Esse paradoxo sugere que, quando questionados, os usuários parecem valorizar a privacidade, mas o comportamento e as ações individuais apontam, justamente, o oposto. No estudo realizado por Joanthan A. Obar e Anne Oeldorf-Hirsch,[248] as conclusões quanto ao paradoxo da privacidade verificado na presente pesquisa sugerem que a maioria dos participantes veem os componentes do aviso como nada mais do que um impedimento indesejado ao real propósito do usuário de redes sociais, que é o desejo de aproveitar o serviço oferecido pelas redes sociais.

> A única irresignação encontrada foi uma preocupação com a sobrecarga de informações, que inclui preocupações como "As políticas de privacidade são muito longas", "Existem muitas políticas de privacidade para ler" e "Eu não tenha tempo par ler os acordos de Termos de Serviço para cada site que visitar." Políticas de privacidade e termos de serviço eram vistos mais como um incômodo do que qualquer outra coisa.[249,250]

---

[248] OBAR, Jonathan A.; OELDORF-HIRSCH, Anne. The Biggest Lie of the Internet: Ignoring the Privacy Policies and Terms of Service Polices of Social Networking Services. *Information, Commuunication & Society*, p. 1-37, 2018. Disponível em: http://dx.doi.org/10.2139/ssrn.2757465. Acesso em: 24 abr. 2021.

[249] OBAR, Jonathan A.; OELDORF-HIRSCH, Anne. The Biggest Lie of the Internet: Ignoring the Privacy Policies and Terms of Service Polices of Social Networking Services. *Information, Commuunication & Society*, p. 27, 2018. Disponível em: http://dx.doi.org/10.2139/ssrn.2757465. Acesso em: 24 abr. 2021.

[250] Tradução livre do autor do seguinte texto original: *"The only predictor found was a concern over information overload, which included concerns such as 'Privacy policies are too long,' 'There are too many privacy policies to read,' and 'I don't have time to read Terms of Service agreements for every site that I visit.' Privacy and TOS policies were seen as more of a nuisance than anything else"*.

O dever de informação é um desdobramento do princípio da boa-fé objetiva, que se entende como o dever geral de conduta que incide de maneira direta nas relações humanas. Por meio de sua função integrativa, esse princípio busca determinar deveres de conduta às partes, a fim de se evitar danos umas às outras e de se buscar o adimplemento satisfatório da obrigação para ambas.[251] Vale dizer que é a determinação de um comportamento ideal em uma relação.[252]

A boa-fé está insculpida como cláusula geral no artigo 422, do Código Civil, e reforçada nas relações de consumo, no inciso III, do artigo 4º, do Código de Defesa do Consumidor. No âmbito da Proteção de Dados, consta do artigo 6º, da LGPD, que o agente que possuir qualquer dado pessoal deverá agir em conformidade com o princípio da boa-fé objetiva. Essas previsões buscam a adaptação da conduta daqueles que coletam e tratam dados, diante da disparidade informacional (vulnerabilidade), entre os controladores de dados e os respectivos titulares, para proteger os direitos de privacidade, liberdade e personalidade dos usuários.[253]

Agir em conformidade com a boa-fé vai além da simples ideia abstrata do dever das partes de se mostrarem coerentes, leias e probas. Esse princípio norteia o modo como devem se pautar as condutas das pessoas por meio da imposição de respeito aos deveres que, por ela, são gerados.[254] A adoção de uma conduta informativa – em especial, nas relações em que a disparidade informacional é intrínseca – é mais do que um dever legal, visto que combate a vulnerabilidade própria da relação.

Essa medida também serve como instrumento para o alcance do adimplemento adequado do contrato, além de ser um meio utilizado para advertir os contratantes sobre os riscos que poderão advir da relação, protegendo-os mutuamente.[255]

---

[251] EHRHARDT JÚNIOR; Marcos. *Responsabilidade civil pelo inadimplemento da Boa-fé*. Belo Horizonte: Fórum, 2017.
[252] MARTINS-COSTA, Judith. *A Boa-fé no direito privado*: critérios para sua aplicação. São Paulo: Saraiva Educação, 2018.
[253] REQUIÃO, Maurício. COVID-19 e proteção de dados pessoais: o antes, o agora e o depois. In: BAHIA, Saulo José Casali. *Direitos e deveres fundamentais em tempos de coronavírus*. São Paulo: IASP, 2020.
[254] EHRHARDT JÚNIOR; Marcos. *Responsabilidade civil pelo inadimplemento da Boa-fé*. Belo Horizonte: Fórum, 2017.
[255] MARTINS-COSTA, Judith. *A Boa-fé no direito privado*: critérios para sua aplicação. São Paulo: Saraiva Educação, 2018.

Sobretudo, o dever de informação é uma conduta colaborativa que visa à proteção dos contratantes e que deve ser adotado na relação como um todo, ou seja, desde a fase pré-contratual. O dever de informação consubstancia-se na obrigação das partes (em especial, para aquele que possui a informação) de fornecer, advertir, explicar, esclarecer, avisar e prestar contas sempre que for necessário ou solicitado.[256] Agir de acordo com o princípio da boa-fé objetiva significa adotar condutas coerentes, leais e probas, observando-se os deveres anexos de cooperação e informação.

Sob a ótica da proteção de dados, a adoção de conduta informativa baseia-se, fundamentalmente, no comportamento transparente que deve ter o agente detentor de certo dado pessoal, devendo ele disponibilizar informações claras, precisas e entendíveis acerca da realização do tratamento de dados, informando para qual finalidade será utilizada a informação, a forma que ocorrerá a coleta e o tratamento e por quanto tempo ficará armazenado.[257] Ainda, deve ser fornecida informação sobre medidas de segurança a serem adotadas, o usuário deve receber advertência sobre os possíveis riscos que podem surgir e deve saber se os dados serão transferidos (de maneira onerosa ou não) a terceiros.

O cumprimento do dever de informar garante, ao usuário que é titular dos dados, o direito de escolha (liberdade) de fazer o uso, ou não, dos serviços prestados pelas redes sociais,[258] ou seja, garante um consentimento válido. Garantir que os usuários tenham ciência sobre o uso dos seus dados e tenham direito de saber a finalidade da coleta e do acesso ao seu conteúdo em qualquer momento é primordial para assegurar a liberdade e a privacidade.

Essa importância é percebida no artigo 8º, da LGPD, assim como nos artigos 6º e 7º, do GDPR, sendo o consentimento elevado ao patamar de requisito, até mesmo, para a garantia da licitude do tratamento de dados. O regulamento europeu pontua o quão essencial é a identificação do consentimento e afirma que silêncio e omissão não são considerados formas de consentir. Além disso, deve ser preservada a liberdade de

---

[256] EHRHARDT JÚNIOR; Marcos. *Responsabilidade civil pelo inadimplemento da Boa-fé*. Belo Horizonte: Fórum, 2017.
[257] FRANCO, Paulo Alves. *Lei Geral de Proteção de Dados comentada*. São Paulo: Imperium, 2020.
[258] LIEMBERGER, Têmis. Informação em rede: uma comparação da lei brasileira de proteção de dados pessoais e o regulamento geral de proteção de dados europeu. *In*: MARTINS, Guilherme Guimarães; LONGHI, João Vitor (Orgs.). *Direito digital*: direito privado e internet. Indaiatuba/SP. Foco, 2019.

escolha do titular ante o consentimento, de maneira que a sua recusa ou revogação não lhe possa trazer quaisquer prejuízos.[259]

Com o passar do tempo, a necessidade de consentimento na coleta de dados (principalmente, no ambiente virtual) foi ganhando importância em razão da sensibilidade e vulnerabilidade que as informações pessoais foram adquirindo com o desenvolvimento da tecnologia. A noção de consentimento informado surgiu, historicamente, na Medicina, já sendo referida por Hipócrates. A principal preocupação, à época, era a coleta de consentimento em relação às informações que causariam danos ou aborrecimentos.[260]

Em 1957, na Califórnia, houve a evolução do conceito, ainda no campo da Medicina. Associou-se o termo ao dever dos médicos de informar pacientes acerca de possíveis riscos e tratamentos alterativos em acréscimo às informações sobre a natureza do tratamento oferecido e suas consequências. A expressão "consentimento informado" surgiu no contexto do caso *Salgo vs. Leland Stanford Jr. University of Trustees*, em que a Corte estabeleceu que os tópicos pertinentes e necessários à verificação do consentimento informado – natureza, consequências, potenciais danos, riscos e alternativas – seriam necessários para que o paciente soubesse, de fato, o que estava consentido.[261]

A evolução histórica do consentimento informado indica a existência de dois significados para o termo. O primeiro refere-se a uma autorização autônoma, dada pelo titular apenas quando esse possui o conhecimento e a liberdade necessários para, intencionalmente, autorizar algo. Como demonstram os resultados desta pesquisa, tal situação não é alcançada pelos documentos analisados.

O segundo significado histórico traz o consentimento informado como uma prática social fundada em determinados contextos institucionais – ou seja, o consentimento será válido se estiver em conformidade com as regras que regem determinado contexto social e institucional, independentemente, da autonomia do titular.[262] Especificamente quanto

---

[259] PINHEIRO, Patrícia Peck. *Proteção de dados pessoais*: comentários à Lei n. 13.709/2018 (LGPD). São Paulo: Saraiva Educação, 2020.

[260] BIONI, Bruno Ricardo; LUCIANO, Maria. O consentimento como processo: em busca do consentimento válido. *In*: DONEDA, Daniel *et al.* (Orgs.). *Tratado de proteção de dados pessoais*. Rio de Janeiro: Editora Forense, 2021.

[261] FADEN, Ruth; BEAUCHAMPO, Tom. *A history and theory of informed consente*. New York: Oxford University Press, 1986.

[262] BIONI, Bruno Ricardo; LUCIANO, Maria. O consentimento como processo: em busca do consentimento válido. *In*: DONEDA, Daniel *et al.* (Orgs.). *Tratado de proteção de dados pessoais*. Rio de Janeiro: Editora Forense, 2021.

à proteção de dados pessoais, diz o artigo 5º, XII, da LGPD, que o consentimento se trata de uma manifestação livre, informada e inequívoca, pela qual o titular concorda com o tratamento de seus dados pessoais, com finalidade determinada. Portanto, trata-se da construção de um ordenamento que busca um padrão protetivo para o resguardo da identidade digital, tendo, como base, a dignidade e a autodeterminação informativa em face da "hiperaceleração" da tecnologia.[263]

> Nesse aspecto, urge apontar para a dicção do art. 5º, X, da LGPD sobre o tratamento de dados pessoais na medida em que esta institui que consiste em toda a operação realizada com dados pessoais, como as que se referem à coleta, à produção, à recepção, à classificação, à utilização, ao acesso, à reprodução, à transmissão, à distribuição, ao processamento, ao arquivamento, ao armazenamento, à eliminação, à avaliação ou ao controle da informação, à modificação, à comunicação, à transferência, à difusão ou à extração.[264]

Vale lembrar que o consentimento aplica-se sempre em razão de uma finalidade explicitada e específica, impossibilitando o uso de uma aprovação genérica. Caso seja necessário usar os dados do titular para outros fins, é necessário que haja uma nova aprovação, um novo processo de anuência, o que não acontece no caso das redes sociais que são objetos desta pesquisa.

Além disso, a LGPD evidenciou a transparência como elemento central e, dessa forma, tornou cristalina a ideia de que todos os procedimentos envolvendo dados pessoais – e, aqui, enquadra-se o consentimento – devam ser compatíveis com a finalidade da coleta.[265]

---

[263] RUARO, Regina Linden; SARLET, Gabrielle Bezerra Sales. O direito fundamental à proteção de dados sensíveis no sistema normativo brasileiro: Uma análise acerca das hipóteses de tratamento e da obrigatoriedade do consentimento livre, esclarecido e informado sob o enfoque da Lei Geral de Proteção de Dados (LGPD) – Lei 13.709/2018. *In*: DONEDA, Daniel *et al.* (Orgs.). *Tratado de proteção de dados pessoais*. Rio de Janeiro: Editora Forense, 2021.

[264] RUARO, Regina Linden; SARLET, Gabrielle Bezerra Sales. O direito fundamental à proteção de dados sensíveis no sistema normativo brasileiro: Uma análise acerca das hipóteses de tratamento e da obrigatoriedade do consentimento livre, esclarecido e informado sob o enfoque da Lei Geral de Proteção de Dados (LGPD) – Lei 13.709/2018. *In*: DONEDA, Daniel *et al.* (Orgs.). *Tratado de proteção de dados pessoais*. Rio de Janeiro: Editora Forense, 2021. p.192.

[265] RUARO, Regina Linden; SARLET, Gabrielle Bezerra Sales. O direito fundamental à proteção de dados sensíveis no sistema normativo brasileiro: Uma análise acerca das hipóteses de tratamento e da obrigatoriedade do consentimento livre, esclarecido e informado sob o enfoque da Lei Geral de Proteção de Dados (LGPD) – Lei 13.709/2018. *In*: DONEDA, Daniel *et al.* (Orgs.). *Tratado de proteção de dados pessoais*. Rio de Janeiro: Editora Forense, 2021.

O progresso geracional das leis sobre proteção de dados[266] evidencia o papel de destaque do consentimento. Em meio a esse processo evolutivo, exigiu-se que o consentimento passasse a ser livre, informado, inequívoco, explícito e específico, tal como ocorreu no Regulamento Europeu.[267]

Nota-se que esse progresso geracional das leis de proteção de dados pessoais é marcado pela gradual adjetivação como resultado da passagem do tempo e da evolução da economia informacional. Ao mesmo tempo, observa-se certo descaso normativo em relação à forma pela qual deveria ser operacionalizado. Sobre isso, Bioni afirma que:

> Trata-se, assim, de uma hipertrofia do consentimento junto ao restante do corpo normativo de proteção de dados pessoais, o que é diagnosticado por um desenvolvimento incompleto dos seus outros "membros" que preencheriam a citada adjetivação e dariam concretude à prometida esfera de controle dos dados pessoais.[268]

Em meio a esse descompasso, surgiram as condições gerais de contratação (também chamadas de políticas de privacidade ou termos de uso/serviço) como uma resposta do mercado por essa demanda regulatória. Foi utilizada tal técnica contratual com a intenção de coletar, do usuário, o prescrito e necessário consentimento para legitimar toda e qualquer operação de tratamento de dados pessoais.

Como demonstrado na apresentação dos dados empíricos, esse mecanismo revela-se falho, porque reforça a assimetria do mercado de consumo e do mercado informacional e por se tratar, também, de uma ferramenta que não capacita o cidadão a exercer o controle sobre as suas informações pessoais de maneira efetiva.[269]

Sob a perspectiva do reforço da assimetria e, consequentemente, da vulnerabilidade, nota-se que as políticas de privacidade são contratos de adesão por excelência.[270] A massificação das relações contratuais

---

[266] O protagonismo do consentimento, nas quatro gerações de leis de proteção de dados, é discutido de maneira mais aprofundada em: BIONI, Bruno Ricardo. *Proteção de dados pessoais*: a função e os limites do consentimento. 3. ed. Rio de Janeiro: Editora Forense, 2021.

[267] BIONI, Bruno Ricardo. *Proteção de dados pessoais*: a função e os limites do consentimento. 3. ed. Rio de Janeiro: Editora Forense, 2021.

[268] BIONI, Bruno Ricardo. *Proteção de dados pessoais*: a função e os limites do consentimento. 3. ed. Rio de Janeiro: Editora Forense, 2021. p. 166.

[269] BIONI, Bruno Ricardo. *Proteção de dados pessoais*: a função e os limites do consentimento. 3. ed. Rio de Janeiro: Editora Forense, 2021.

[270] MARQUES, Claudia Lima. *Contratos no código de defesa do consumidor*: novo regime das relações contratuais. São Paulo: Revista dos Tribunais, 2011.

ordinárias de consumo – marcada, especialmente, pela transição de uma economia artesanal e familiar para uma economia industrial em massa[271] – é também característica do mercado informacional. "Ao cidadão-consumidor, cabe aderir (concordo) ou não (discordo), sobrevindo daí a própria terminologia em questão – adesão – que exprime tal técnica de contratação".[272]

Essa dinâmica dos contratos acentua a assimetria de forças das relações de consumo, na medida em que o seu elo mais forte fixa, unilateralmente, o programa contratual.[273] Sob a ótica de proteção de dados pessoais, isso significa dizer que será o fornecedor quem determinará os rumos do fluxo informacional dos seus usuários, eliminando qualquer faixa de controle a ser, por eles, operada[274] e, assim, extinguindo qualquer vestígio de autodeterminação informativa. Dada essa dinâmica contratual, o usuário não tem poder de negociação em relação as suas preferências de privacidade.[275]

Tal situação é somada ao fato de que as plataformas estudadas condicionam a própria participação do usuário, o que torna ainda mais falaciosa a promessa de controle de dados pessoais e privacidade. Nesse contexto de *take-it-or-leave-it* da doutrina anglo-americana, é que essas políticas de privacidade acabam por iludir o usuário em relação à autodeterminação informacional. "Realmente, no contrato de adesão, não há liberdade contratual de definir conjuntamente os termos do contrato, podendo o consumidor somente aceitá-lo ou recusá-lo".[276]

Nesse passo, as condições de contratação analisadas neste trabalho não se mostram ferramentas adequadas a garantir, ao consumidor, o controle de seus dados pessoais. Essa ferramenta contratual tem sido utilizada para o esvaziamento do controle do usuário de seus dados pessoais. "Tais termos contratuais impõem, às vezes, um 'cheque em branco', cujo preenchimento – a utilização dos dados pessoais – fica

---

[271] MIRANDA, Custódio da Piedade Ubaldino. *Contratos de Adesão*. São Paulo: Atlas, 2002.
[272] BIONI, Bruno Ricardo. *Proteção de dados pessoais*: a função e os limites do consentimento. 3. ed. Rio de Janeiro: Editora Forense, 2021. p. 167.
[273] MARQUES, Claudia Lima. *Contratos no código de defesa do consumidor*: novo regime das relações contratuais. São Paulo: Revista dos Tribunais, 2011.
[274] BIONI, Bruno Ricardo. *Proteção de dados pessoais*: a função e os limites do consentimento. 3. ed. Rio de Janeiro: Editora Forense, 2021.
[275] DOCTOROW, Cory. The Curious Case of Internet Privacy. *MIT Tecnology Review*, 06 jun. 2012. Disponível em: https://www.technologyreview.com/2012/06/06/19572/the-curious-case-of-internet-privacy/. Acesso em: 04 jun. 2021.
[276] MARQUES, Claudia Lima. *Contratos no código de defesa do consumidor*: novo regime das relações contratuais. São Paulo: Revista dos Tribunais, 2011. p. 179.

a bel-prazer daquele que estipulou unilateralmente as suas cláusulas contratuais".[277]

Trata-se de buscar outras formas de concretizar a prometida esfera do controle sobre os dados pessoais – novas ferramentas que sejam tão líquidas e fluídas quanto é o fluxo dos dados pessoais no ambiente *online*. Isso porque a técnica contratual *offline* das políticas de privacidade é uma ferramenta que não se presta a garantir, ao usuário, um controle de dados para cada espaço e relação singular do ambiente eletrônico.[278]

É por tal razão que essas ferramentas não se ajustam à complexidade do fluxo informacional das relações de consumo da economia informacional, não apresentando qualquer proteção ao consumidor ou a seus dados pessoais. De maneira a complementar esse quadro que apresenta uma clara defasagem normativa quanto à operacionalização do consentimento, há ainda barreiras comportamentais que afastam o indivíduo da capacidade de controlar seus dados pessoais.

Nessa esteira, os dados levantados pelo questionário a que foram submetidos os usuários das duas redes sociais objetos desta pesquisa revelam a existência de, pelo menos, dois comportamentos que apresentam certa dissonância ao objetivo da normatização quanto à proteção de dados pessoais. Na percepção desta pesquisa, o primeiro comportamento verificado aproxima-se da teoria da decisão da utilidade subjetiva. O ser humano tende a focar nos benefícios imediatos de cada decisão tomada.[279] O que, no caso das redes sociais estudadas, significa o acesso ao serviço.

Nesses casos, deixa de sopesar os possíveis riscos à privacidade, visto que o prejuízo é temporariamente distante. De fato, os possíveis danos com relação à perda do controle sobre as informações pessoais só podem ser experimentados no futuro.

---

[277] BIONI, Bruno Ricardo. *Proteção de dados pessoais*: a função e os limites do consentimento. 3. ed. Rio de Janeiro: Editora Forense, 2021. p. 168.

[278] LIMA, Cíntia Rosa Pereira de; BIONI, Bruno Ricardo. A proteção dos dados pessoais na fase de coleta: apontamentos sobre a adjetivação do consentimento implementada pelo Artigo 7, incisos VIII e IX do marco civil da internet a partir da Human computer interaction e da Privacy by default. In: DE LUCCA, Newton; FILHO, Adalberto Simão; DE LIMA, Cíntia Rosa Pereira (Orgs.). *Direito e internet III*: marco civil da internet, lei n. 12.965/2014. São Paulo: Quartier Latin, 2015.

[279] KERR, Ian; BARRIGAR, Jennifer; BURKELL, Jacqelyn; BLACK, Katie. Soft surveillance, hard consente. In: KERR, Ian; STEEVES, Valerie; LUCOCK, Carole. *Lessons from the identity trail*: anonymity, privacy and identity in a networked Society. New York: Oxford University Press, 2009.

Esse é o caso justamente da agregação de dados que, a partir do tratamento de dados triviais, pode revelar informações sensíveis sobre uma pessoa. Ou, ainda, de um eventual uso inadequado que pode gerar danos na esfera patrimonial e extrapatrimonial. Ou, mesmo, o compartilhamento dos dados pessoais com terceiros que, dada a volatilidade do trânsito de tais informações, mina a perspectiva de controle sobre o fluxo informacional. Em todas essas situações, a pessoa em causa experimentará danos à sua privacidade somente após o ganho imediato pertinente aos bens de consumo digital. Por tal razão, o titular dos dados pessoais tende a, subjetivamente, valorizar mais tais benefícios imediatos, minimizando-se os possíveis prejuízos representados pela perda do controle de seus dados pessoais.[280]

Uma vez feita essa escolha, os resultados indicam que seja pouco provável que o usuário revogue o consentimento para o tratamento de dados pessoais. A teoria prospectiva indica que o processo de tomada de decisão tende a se levar pelo contexto de que as perdas são maiores do que os ganhos.[281] Assim, o usuário que ganha acesso às redes sociais tende a concluir que a perda do acesso é maior do que o ganho em retomar, em tese, o controle de seus dados pessoais.[282]

Em última análise, é seguro afirmar que o serviço ou produto "gratuito" é mais valorizado nesse processo de tomada de decisão do que a privacidade do usuário. Aqui, entende-se que o usuário tende a procurar uma maneira de não se culpar pelo prejuízo suportado. Interpreta-se que são dissonâncias cognitivas em que o consumidor das redes sociais procura um alívio para, simetricamente, compensar o desconforto.[283]

Nesse contexto, é que se insere o paradoxo da privacidade – em que as pessoas valorizam seus dados pessoais, mas, em contrapartida, promovem ações absolutamente dissonantes de tal apreço. "As suas condutas contradizem o que elas estimam, surgindo-se uma relação

---

[280] BIONI, Bruno Ricardo. *Proteção de dados pessoais*: a função e os limites do consentimento. 3. ed. Rio de Janeiro: Editora Forense, 2021. p. 144.
[281] KERR, Ian; BARRIGAR, Jennifer; BURKELL, Jacqelyn; BLACK, Katie. Soft surveillance, hard consente. *In*: KERR, Ian; STEEVES, Valerie; LUCOCK, Carole. *Lessons from the identity trail*: anonymity, privacy and identity in a networked Society. New York: Oxford University Press, 2009.
[282] BIONI, Bruno Ricardo. *Proteção de dados pessoais*: a função e os limites do consentimento. 3. ed. Rio de Janeiro: Editora Forense, 2021.
[283] KERR, Ian; BARRIGAR, Jennifer; BURKELL, Jacqelyn; BLACK, Katie. Soft surveillance, hard consente. *In*: KERR, Ian; STEEVES, Valerie; LUCOCK, Carole. *Lessons from the identity trail*: anonymity, privacy and identity in a networked Society. New York: Oxford University Press, 2009.

de incoerência entre o que elas praticam e o que elas enxergam como ideal".[284] Assim, a ideia de que o usuário tenha racionalidade suficiente e seja capaz de, genuinamente, sem influências indevidas, promover o processo de tomada de decisão é sobreposta pela realidade da complexidade das condições de contratação e do fluxo das informações pessoais. As evidências empíricas demonstram que esse usuário está em uma situação de vulnerabilidade, inserido em um contexto de uma relação assimétrica, sendo que as condições gerais de contratação de *Facebook* e *YouTube* apenas afastam o titular dos dados de manter um mínimo de controle sobre eles.

---

[284] BIONI, Bruno Ricardo. *Proteção de dados pessoais*: a função e os limites do consentimento. 3. ed. Rio de Janeiro: Editora Forense, 2021. p. 144.

# CAPÍTULO 3

# PROTEÇÃO DE DADOS PESSOAIS

## 3.1 A proteção de dados no Brasil, em abstrato e em concreto, no alvorecer do século XXI

O termo "proteção de dados pessoais" foi incorporado, recentemente, ao dicionário jurídico brasileiro, ganhando especial relevância na esteira do debate que antecedeu a promulgação da Lei Geral de Proteção de Dados. Apesar disso, a matéria que hoje está diretamente associada à proteção de dados não é estranha ao meio jurídico do Brasil. Fenômenos ligados à proteção de dados foram, por muito tempo, ligados à privacidade, ao direito do consumidor e às outras liberdades individuais.[285]

A assimilação da proteção à privacidade pelo Direito Brasileiro é linear de modo geral, com a sua progressiva consolidação dos direitos da personalidade pela doutrina e jurisprudência, até sua previsão, no Artigo 5º, X, da Constituição, e sua menção específica no Código Civil, no artigo 21. Todavia, o efetivo desenvolvimento e a aplicação desse direito não foram suficientes para fazer frente às novas situações e questões que surgiram com a introdução de novas tecnologias. "Pode-se observar que, no Brasil, o direito à privacidade, mais do que proporcionar uma resposta efetiva aos problemas das novas tecnologias,

---

[285] DONEDA, Danilo. Panorama histórico da proteção de dados pessoais. *In*: DONEDA, Danilo *et al.* (Orgs.). *Tratado de proteção de dados pessoais*. Rio de Janeiro: Forense, 2021.

de certa maneira restou entrincheirado em seu caráter individualista e subjetivo".[286]

Houve inovações no desenrolar do caso brasileiro – como a ação de *habeas data* e a previsão dos direitos à vida privada, assim como o segredo das comunicações telefônicas, telegráficas e informacionais em geral. Contudo, não houve disposição que fizesse prevalecer o entendimento no sentido de se identificar, de imediato, um direito material à proteção de dados pessoais na Constituição. Pelo contrário, em decisão de 2006, da Relatoria do Ministro Sepúlveda Pertence, o Supremo Tribunal Federal (STF) não reconheceu a existência de uma garantia de inviolabilidade sobre dados armazenados em computador, com base em garantias constitucionais, adotando a tese de que o ordenamento jurídico brasileiro tutelava apenas o sigilo das comunicações e não dos dados.[287]

A partir de então, o tema da proteção de dados foi tornando-se presente no debate jurídico e político. Encontra-se menção ao caráter de direito fundamental da proteção de dados pessoais na Declaração de Santa Cruz de La Sierra, assinada pelo governo brasileiro, em 2003. No direito interno, um marco normativo específico, desenvolvido ainda na esteira da Constituição, de 1988, foi tornando-se central na delimitação dos direitos sobre os dados pessoais. O Código de Defesa do Consumidor, ao estabelecer vetores e princípios de proteção, ao consumidor, adaptáveis a várias situações, bem como um sistema de tutela concreta, acabou por concentrar um volume considerável das demandas relacionadas a dados pessoais, que, muitas vezes, também se caracterizam como relações de consumo.[288] Ainda, a doutrina aponta a possibilidade de que vários dos princípios de proteção de dados possam ser observados a partir do próprio Código de Defesa do Consumidor.[289]

Particularmente, o artigo 43, do CDC, que se aplica aos bancos de dados de proteção de crédito, é muito utilizado para consolidar o entendimento acerca da existência do direito do consumidor sobre seus

---

[286] DONEDA, Danilo. Panorama histórico da proteção de dados pessoais. *In*: DONEDA, Danilo *et al*. (Orgs.). *Tratado de proteção de dados pessoais*. Rio de Janeiro: Forense, 2021. p. 11.

[287] DONEDA, Danilo. Panorama histórico da proteção de dados pessoais. *In*: DONEDA, Danilo *et al*. (Orgs.). *Tratado de proteção de dados pessoais*. Rio de Janeiro: Forense, 2021.

[288] CARVALHO, Ana Paula Gambogi. O consumidor e o direito à autodeterminação informacional. *Revista de Direito do Consumidor*, n. 46, p.77, 2003.

[289] MIRAGEM, Bruno. A Lei Geral de Proteção de Dados (Lei 13.709/2018) e o direito do consumidor. *Revista dos Tribunais*, v. 1009, p. 1-35, 2019. Disponível em: https://www.brunomiragem.com.br/wp-content/uploads/2020/06/002-LGPD-e-o-direito-do-consumidor.pdf. Acesso em: 21 jul. 2021.

dados pessoais.[290] Inclusive, isso fomenta outro debate sobre o registro de dados das operações financeiras do consumidor, o que acabou gerando a edição de uma legislação específica: a Lei nº 12.414/2011, conhecida como Lei do Cadastro Positivo.[291]

A Lei do Cadastro Positivo foi a primeira normativa brasileira que foi concebida a partir de uma sistemática comum à proteção de dados que já estava consolidada em outros países. É possível observar a presença de conceitos importantes – como o de "dados sensíveis" – e de alguns dos princípios mais importantes da área da proteção de dados – como o princípio da finalidade, da transparência, da minimização e da segurança. "No entanto, por conta de a utilização dos serviços de cadastro positivo ter sido aquém da esperada, sua presença na jurisprudência e também sua importância para a formação de uma cultura jurídica de proteção de dados não se demonstram determinantes".[292]

Nesse caso, o escopo da lei visa disciplinar a formação e a consulta de bancos de dados com as informações de adimplemento para formação do histórico de crédito. A proposta dessa lei é permitir que o mercado identifique os bons pagadores e, com isso, reduza a taxa de juros, mas sem descuidar da proteção de dados pessoais.[293] Aqui, há o reforço do princípio da qualidade dos dados pessoais e os direitos de acesso, retificação e cancelamento de informações, a responsabilidade objetiva e solidária pelos danos, que já constavam no CDC. Além disso, a Lei estabelece, com maior rigor, a finalidade da coleta e do uso dos dados, que fica limitada à análise de risco de crédito do cadastrado, além de estipular formas de controle mais precisas do cadastro em relação aos seus dados. Além disso, reconhece o direito de o cadastrado solicitar revisão de decisão baseada, exclusivamente, em dados automatizados.[294]

---

[290] MENDES, Laura Schertel. *Privacidade, proteção de dados e a defesa do consumidor*. São Paulo: Saraiva, 2014.

[291] DONEDA, Danilo. Panorama histórico da proteção de dados pessoais. *In*: DONEDA, Danilo *et al.* (Orgs.). *Tratado de proteção de dados pessoais*. Rio de Janeiro: Forense, 2021.

[292] DONEDA, Danilo. Panorama histórico da proteção de dados pessoais. *In*: DONEDA, Danilo *et al.* (Orgs.). *Tratado de proteção de dados pessoais*. Rio de Janeiro: Forense, 2021. p. 15.

[293] OLIVEIRA, Marco Aurélio Bellizze; LOPES, Isabela Maria Pereira. Os princípios norteadores da proteção de dados pessoas no Brasil e sua otimização pela Lei 13.709/2018. *In*: FRAZÃO, Ana; TEPENDINO, Gustavo; OLIVA, Milena Donato. *Lei Geral De Proteção De Dados Pessoas E Suas Repercussões No Direito Brasileiro*. 1. ed. São Paulo: Thomson Reuters Brasil, 2019.

[294] OLIVEIRA, Marco Aurélio Bellizze; LOPES, Isabela Maria Pereira. Os princípios norteadores da proteção de dados pessoas no Brasil e sua otimização pela Lei 13.709/2018. *In*: FRAZÃO, Ana; TEPENDINO, Gustavo; OLIVA, Milena Donato. *Lei Geral De Proteção De*

A lei delimita a finalidade pela qual os dados podem ser coletados e usados, ao determinar que as informações armazenadas nos bancos de dados somente poderão ser utilizadas para realização de análise de risco de crédito do cadastrado. Também, podem ser armazenadas para subsidiar a concessão ou extensão de crédito e a realização de venda a prazo ou outras transações comerciais/empresariais que impliquem risco financeiro ao consulente.[295] Nesse sentido, a vedação do uso desses dados para *marketing* direto ou qualquer outra atividade não mencionada na lei fica bastante evidente.

Observa-se, ainda, a consolidação do conceito de autodeterminação informativa no ordenamento jurídico brasileiro, na Lei nº 12.414/2011 (Lei de Cadastro Positivo). Isso ocorre quando a lei estabelece mecanismos de controle do indivíduo sobre os seus dados, atribuindo, a ele, o poder de decidir se tem interesse, ou não, em formar esse histórico, em reformar o histórico e quando deseja cancelá-lo. É o que se depreende do disposto nos artigos 4º, 5º e 9º, da Lei, que projetam a pedra de toque do sistema do cadastro positivo no princípio do consentimento.[296]

Houve também inovação na Lei ao atentar-se para a classe das informações sensíveis que revelam origem social, identidade étnica, estado de saúde, dados sobre genética, convicções pessoais e orientação sexual, conferindo-lhes um tratamento diferenciado.[297] Outras legislações relacionadas ao tema da proteção de dados foram promulgadas a partir de então. A Lei de Acesso à Informação – Lei nº 12.527 – que regulamenta o princípio da transparência, além de definir o que é informação pessoal de forma análoga àquela que seria posteriormente referendada pela própria LGPD – estabelece, em seu artigo 31, um regramento específico para a proteção de dados pessoais detidos pelo Poder Público. Assim, reconhece a necessidade de que a proteção de dados pessoais esteja contemplada, ainda que seja dentro de uma

---

*Dados Pessoas E Suas Repercussões No Direito Brasileiro.* 1. ed. São Paulo: Thomson Reuters Brasil, 2019.

[295] MENDES, Laura Schertel. O direito fundamental à proteção de dados pessoais. *Revista de Direito do Consumidor*, 2011.

[296] MENDES, Laura Schertel. O direito fundamental à proteção de dados pessoais. *Revista de Direito do Consumidor*, 2011.

[297] OLIVEIRA, Marco Aurélio Bellizze; LOPES, Isabela Maria Pereira. Os princípios norteadores da proteção de dados pessoas no Brasil e sua otimização pela Lei 13.709/2018. In: FRAZÃO, Ana; TEPENDINO, Gustavo; OLIVA, Milena Donato. *Lei Geral De Proteção De Dados Pessoas E Suas Repercussões No Direito Brasileiro.* 1. ed. São Paulo: Thomson Reuters Brasil, 2019.

normativa destinada a regular o princípio da transparência, até como fator essencial para sua legitimação.[298]

Não obstante, os dispositivos sobre acesso e sigilo de documentos públicos previstos na Lei nº 8.159 – Lei de Arquivos Públicos – estão revogados pela Lei nº 12.572/2001 (Lei de Acesso à Informação). Arquivos cuja divulgação pode violar a intimidade/a vida privada de alguém ou pode ameaçar a segurança da sociedade são considerados sigilosos e, portanto, são submetidos a regras especiais previstas nos parágrafos do artigo 23.[299]

A Lei de Acesso à Informação tem, por objetivo, assegurar o direito fundamental encampado no inciso XXXIII, do artigo 5º, da Constituição. Sua contribuição para a proteção de dados pessoais (além do reforço ao equilíbrio entre acesso, qualidade da informação, proteção à privacidade e sigilo) é a diversificação de categorias (ultrassecreta, secreta e reservada) e o detalhamento dos critérios para a classificação de informações.[300]

A base de um sistema de proteção de dados pessoais está, portanto, inicialmente desenhado na Lei de Acesso à Informação, ainda que esteja relacionada com um contexto diverso: a transparência nas ações estatais e a definição clara do sigilo que pode ser imposto aos documentos públicos, com base na razão do Estado.

Ainda, é uma Lei que dedicou uma seção especial para tratar das informações privadas, conferindo, a essas, um tempo de sigilo máximo de 100 anos, o que é bastante superior às demais categorias. Além disso, estabeleceu a exigência do consentimento para sua divulgação como regra, o que pode ser afastado em casos específicos.

O uso indevido das informações privadas acarreta a responsabilidade civil.[301] Todavia, sendo a proteção de dados um aspecto da

---

[298] DONEDA, Danilo. Panorama histórico da proteção de dados pessoais. *In*: DONEDA, Danilo *et al.* (Orgs.). *Tratado de proteção de dados pessoais*. Rio de Janeiro: Forense, 2021.

[299] OLIVEIRA, Marco Aurélio Bellizze; LOPES, Isabela Maria Pereira. Os princípios norteadores da proteção de dados pessoas no Brasil e sua otimização pela Lei 13.709/2018. *In*: FRAZÃO, Ana; TEPENDINO, Gustavo; OLIVA, Milena Donato. *Lei Geral De Proteção De Dados Pessoas E Suas Repercussões No Direito Brasileiro*. 1. ed. São Paulo: Thomson Reuters Brasil, 2019.

[300] OLIVEIRA, Marco Aurélio Bellizze; LOPES, Isabela Maria Pereira. Os princípios norteadores da proteção de dados pessoas no Brasil e sua otimização pela Lei 13.709/2018. *In*: FRAZÃO, Ana; TEPENDINO, Gustavo; OLIVA, Milena Donato. *Lei Geral De Proteção De Dados Pessoas E Suas Repercussões No Direito Brasileiro*. 1. ed. São Paulo: Thomson Reuters Brasil, 2019.

[301] OLIVEIRA, Marco Aurélio Bellizze; LOPES, Isabela Maria Pereira. Os princípios norteadores da proteção de dados pessoas no Brasil e sua otimização pela Lei 13.709/2018. *In*: FRAZÃO, Ana; TEPENDINO, Gustavo; OLIVA, Milena Donato. *Lei Geral De Proteção De*

privacidade e, essa, um dos direitos da personalidade, sua proteção buscou guarida no direito privado. "Fundamental é perceber que tal tutela visa à proteção da pessoa e sua personalidade, não dos dados per se".[302]

Nesse aspecto, o Código de Defesa do Consumidor é indicado como pioneiro, seguido do Código Civil, de 2002. A proteção conferida pelo Código Civil decorre dos artigos 12 e 21, ou seja, da proteção à vida privada e da pretensão imediata de fazer cessar ameaça ou lesão de direito, bem como das medidas cabíveis, entre as quais, a responsabilidade de reparar as perdas e os danos causados.

No CDC, o já mencionado artigo 43 traz consigo a maior proteção alcançada ao consumidor e seus dados. Em 2015, foi atualizado pelo Estatuto da Pessoa com Deficiência, Lei nº 13.146/2015, com o acréscimo do parágrafo 6º, para tratar, de modo mais específico, do acesso dos portadores de necessidades especiais.[303] Do artigo 43 do CDC, a doutrina extrai o direito de acesso, o princípio da qualidade dos dados, o princípio da transparência, o direito de retificação e cancelamento e o princípio do esquecimento.

> Da leitura do dispositivo (art. 43 do CDC) depreende-se que o Código autoriza o funcionamento de bancos de dados e cadastros de consumidores, desde que atendidos determinados preceitos para a proteção da privacidade dos consumidores, quais sejam: (a) possibilidade de acessar todas as informações existentes sobre o consumidor (direito de acesso); (b) os dados arquivados devem ser objetivos, claros, verdadeiros e em linguagem de fácil compreensão (princípio da qualidade dos dados); (c) necessidade de comunicação da abertura de cadastro ou registro de dados pessoais de consumo (princípio da transparência); (d) obrigação de banco de dados de corrigir os dados de forma imediata (direito de retificação e cancelamento); e (e) limite temporal para o armazenamento de dados pessoais (princípio do esquecimento).Como se pode perceber, esse artigo, inspirado nas normas americanas do *National Consumer Act*

---

*Dados Pessoas E Suas Repercussões No Direito Brasileiro*. 1. ed. São Paulo: Thomson Reuters Brasil, 2019.

[302] MENDES, Laura Schertel; DONEDA, Danilo. Marco jurídico para cidadania digital: uma análise do Projeto de Lei 5.276/2016. *Revista de Direito Civil Contemporâneo*, v. 9, p. 35-48, 2016. Disponível em: http://ojs.direitocivilcontemporaneo.com/index.php/rdcc/article/view/171. Acesso em: 21 jul. 2021.

[303] OLIVEIRA, Marco Aurélio Bellizze; LOPES, Isabela Maria Pereira. Os princípios norteadores da proteção de dados pessoas no Brasil e sua otimização pela Lei 13.709/2018. *In*: FRAZÃO, Ana; TEPENDINO, Gustavo; OLIVA, Milena Donato. *Lei Geral De Proteção De Dados Pessoas E Suas Repercussões No Direito Brasileiro*. 1. ed. São Paulo: Thomson Reuters Brasil, 2019.

e do *Fair Credit Reporting Act*, está em consonância com importantes princípios internacionais de proteção de dados pessoais.[304]

Assim, o Marco Civil da *Internet* – Lei nº 12.965, ao estabelecer um regime de direitos para o usuário da *Internet*, implementou uma série de direitos e procedimentos relacionados ao uso de seus dados pessoais, ainda que sua sistemática e sua gramática não sejam facilmente transferidas aos institutos de proteção de dados pessoais, nos moldes da LGPD e de outras normativas do mesmo gênero. De todo modo, não houve a intenção de o Marco Civil da *Internet* suprir a ausência de uma legislação geral sobre a matéria, como demonstra o artigo 3º, III, no qual elenca a proteção de dados pessoais como um dos princípios da disciplina do uso da *Internet* no Brasil. O Marco Civil da *Internet* já acenava para a necessidade de uma legislação própria sobre proteção de dados, o que deveria ser posterior a sua existência.[305]

A eleição da proteção de dados como um princípio da *Internet*, no Brasil, gerou a inclusão da inviolabilidade da vida privada como condição para o pleno exercício do acesso, do sigilo de suas comunicações, das informações claras – inclusive sobre a proteção de dados pessoais (cujo uso é restrito à finalidade informada) – e do necessário consentimento prévio para a coleta e o armazenamento de dados pessoais no rol de direitos do usuário.[306] Ainda, o artigo 11 assegurou a aplicação da legislação brasileira para a proteção dos dados pessoais quando, ao menos, uma das atividades de tratamento for realizada no Brasil.

Como regra geral, o Marco Civil da *Internet* estabelece que o provedor de conexão à *Internet* não pode ser civilmente responsabilizado por conteúdo gerado por terceiros. Para garantir a liberdade de expressão e impedir a censura, o provedor de aplicações de conteúdo gerado por terceiros se, em descumprimento a uma ordem judicial específica, deixe de tornar indisponível o conteúdo apontado.[307] Era

---

[304] MENDES, Laura Schertel. O direito fundamental à proteção de dados pessoais. *Revista de Direito do Consumidor*, 2011. p. 65.
[305] DONEDA, Danilo Cézar. *Da privacidade à proteção de dados pessoais*. 2. ed. São Paulo: Thomson Reuters Brasil, 2019.
[306] OLIVEIRA, Marco Aurélio Bellizze; LOPES, Isabela Maria Pereira. Os princípios norteadores da proteção de dados pessoas no Brasil e sua otimização pela Lei 13.709/2018. *In*: FRAZÃO, Ana; TEPENDINO, Gustavo; OLIVA, Milena Donato. *Lei Geral De Proteção De Dados Pessoas E Suas Repercussões No Direito Brasileiro*. 1. ed. São Paulo: Thomson Reuters Brasil, 2019.
[307] CUEVA, Ricardo Villas Bôas. A proteção de dados pessoais na jurisprudência do Superior Tribunal de Justiça. *In*: FRAZÃO, Ana; TEPEDINO, Gustavo; OLIVA, Milena Donato (Orgs.). *Lei Geral de Proteção de Dados Pessoais e suas repercussões no direito brasileiro*. São Paulo: Thomson Reuters Brasil, 2019.

cada vez mais frequente que dispositivos normativos sobre a utilização de dados pessoais fossem introduzidos em diversas situações. Por isso, o ambiente para que houvesse sistematização e uniformização de uma normativa geral estava sendo consolidado.

Com o objetivo de proporcionar a atualização da previsão constitucional com uma configuração de fluxo informacional mais próxima da realidade, foi proposta a PEC nº 17, em março, de 2019, no Senado Federal[308] e, após aprovação do Senado, apresentada na Câmara dos Deputados, em 03 de julho, de 2019 e transformada na Emenda Constitucional nº 115/2022. A EC altera os artigos 5º, XIII e XXX, da Constituição Federal, para incluir o direito fundamental à proteção de dados pessoais, bem como estabelecer a competência privativa da União para legislar sobre o tema:

> Art. 1º O inciso XII do art. 5º da Constituição Federal passa a vigorar com a seguinte redação:
> Art. 5º (...)
> XII – é inviolável o sigilo da correspondência e das comunicações telegráficas, de dados e das comunicações telefônicas, salvo, no último caso, por ordem judicial, nas hipóteses e na forma que a lei estabelecer para fins de investigação criminal ou instrução processual penal, bem como é assegurado, nos termos da lei, o direito à proteção dos dados pessoais, inclusive nos meios digitais;
> (NR)
> Art. 2º O caput do art. 22 da Constituição Federal passa a vigorar acrescido do seguinte inciso XXX:
> Art. 22 (...)
> XXX – proteção e tratamento de dados pessoais.
> (NR)

---

[308] A PEC é uma iniciativa do Senador Eduardo Gomes (MDB/TO), Senador Angelo Coronel (PSD/BA), Senador Antonio Anastasia (PSDB/MG), Senador Chico Rodrigues (DEM/RR), Senador Eduardo Braga (MDB/AM), Senadora Eliziane Gama (CIDADANIA/MA), Senador Flávio Arns (REDE/PR), Senador Humberto Costa (PT/PE), Senador Irajá (PSD/TO), Senador Jean Paul Prates (PT/RN), Senador Jorge Kajuru (PSB/GO), Senador Lasier Martins (PODEMOS/RS), Senadora Leila Barros (PSB/DF), Senador Luiz do Carmo (MDB/GO), Senadora Mailza Gomes (PP/AC), Senador Marcos Rogério (DEM/RO), Senador Marcos do Val (CIDADANIA/ES), Senadora Maria do Carmo Alves (DEM/SE), Senador Mecias de Jesus (REPUBLICANOS/RR), Senador Nelsinho Trad (PSD/MS), Senador Paulo Paim (PT/RS), Senador Randolfe Rodrigues (REDE/AP), Senador Rodrigo Pacheco (DEM/MG), Senador Rogério Carvalho (PT/SE), Senador Telmário Mota (PROS/RR), Senador Veneziano Vital do Rêgo (PSB/PB), Senador Wellington Fagundes (PL/MT), Senador Weverton (PDT/MA) e Senador Zequinha Marinho (PSC/PA). Foi aprovada pelo Senado com unanimidade, em dois turnos de votação, realizados em 02.07.2019.

Art. 3º Esta Emenda Constitucional entra em vigor na data de sua publicação.

O novo texto incorporado à Constituição proporciona certo equilíbrio entre uma série de direitos fundamentais que possuem repercussão direta sobre dados pessoais, como o direito à privacidade, à informação e à transparência. A inserção de um direito à proteção de dados, de forma explícita, no rol dos direitos fundamentais, proporcionará uma isonomia entre esses direitos que, formalmente, afiguram-se como fundamentais.[309]

Contando, ou não, com previsão expressa na Constituição, percebe-se, na doutrina e na jurisprudência, um esforço para compreensão de que os incisos X e XII, do Art. 5º, da Constituição, devem ser interpretados de uma forma mais fiel ao tempo em que se vive. Em outras palavras, reconhece a ligação que existe entre os direitos relacionados à privacidade e à comunicação dos dados. "Dessa forma, seria dado o passo necessário à integração da personalidade em sua acepção mais completa nas vicissitudes da Sociedade da Informação".[310]

A jurisprudência do Superior Tribunal de Justiça apresenta a evolução da tutela da proteção de dados pessoais em um panorama concreto, demonstrando que, mesmo sem uma legislação específica para proteção de dados pessoais e mesmo sem previsão expressa na Constituição, é possível a tutela da proteção de dados.

Em 2001, no julgamento do Recurso Especial nº 306.570, de Relatoria da Ministra Eliana Calmon, reconheceu-se que o contribuinte ou titular da conta bancária tem direito à privacidade em relação aos seus dados pessoais. No Recurso Especial nº 1.168.547, de Relatoria do Ministro Luis Felipe Salomão, julgado em 2010, reconheceu-se a existência de um novo conceito de privacidade, bem como a necessidade de consentimento do interessado para a divulgação de informação pessoal a seu respeito, pois, com o desenvolvimento da tecnologia, a tutela da privacidade passa a ter, por ponto de referência, o consentimento do interessado para dispor, com exclusividade, sobre as próprias informações, nelas incluídas o direito à imagem.[311]

---

[309] DONEDA, Danilo Cézar. *Da privacidade à proteção de dados pessoais*. 2. ed. São Paulo: Thomson Reuters Brasil, 2019.
[310] DONEDA, Danilo Cézar. *Da privacidade à proteção de dados pessoais*. 2. ed. São Paulo: Thomson Reuters Brasil, 2019. p. 264.
[311] CUEVA, Ricardo Villas Bôas. A proteção de dados pessoais na jurisprudência do Superior Tribunal de Justiça. In: FRAZÃO, Ana; TEPEDINO, Gustavo; OLIVA, Milena Donato

Posteriormente, o Superior Tribunal de Justiça (STJ) passa a examinar questões atinentes ao cadastro positivo de crédito, instituído pela Lei nº 12.414/2011, merecendo significativo destaque o acórdão proferido no Recurso Especial nº 1.348.532,[312] relatado pelo Ministro Luis Felipe Salomão, em que fora firmado o entendimento de que:

> É abusivo e ilegal cláusula prevista em contrato de prestação de serviços de cartão de crédito, que autoriza o banco contratante a compartilhar dados dos consumidores com outras entidades financeiras, assim como com entidades mantenedoras de cadastros positivos e negativos de consumidores, sem que seja dada a opção de discordar daquele compartilhamento. (...) De fato, a partir da exposição de seus dados financeiros, abre-se a possibilidade para intromissões diversas na vida do consumidor. Conhecem-se seus hábitos, monitoram-se a maneira de viver e a forma de efetuar despesas. Por isso, a imprescindibilidade da autorização real e espontânea quanto à exposição.

Antes disso, quando provocado a se manifestar sobre os sistemas de avaliação de risco de crédito (*Credit Score*), o STJ já havia firmado suas teses no julgamento do REsp nº 1.457.199/RS, da Relatoria do Ministro Paulo de Tarso Sanseverino, sendo aprovadas as seguintes teses:

> 1) O sistema *credit scoring* é um método desenvolvido ara avaliação do risco de concessão de crédito, a partir de modelos estatísticos considerando diversas variáveis, com atribuição de uma pontuação ao consumidor avaliado (nota de risco de crédito). 2) Essa prática comercial é lícita, estando autorizada pelo art. 5º, IV, e pelo art. 7º, I, da Lei 12.414/2011 (lei do cadastro positivo). 3) Na avaliação do risco de crédito, devem ser respeitados os limites estabelecidos pelo sistema de proteção do consumidor no sentido de tutela da privacidade e da máxima transparência nas relações negociais, conforme previsão do CDC e da Lei 12.414/2011. 4) Apesar de desnecessário o consentimento do consumidor consultado, devem ser a ele fornecidos esclarecimentos, caso solicitados, acerca das fontes dos dados considerados (histórico de crédito), bem como as informações pessoas valoradas. 5) O desrespeito aos limites legais na utilização do sistema *credit scoring*, configurando abuso no exercício desse direito (art. 187 do CC), pode ensejar a responsabilidade objetiva e solidária do fornecedor do serviço, do responsável pelo banco de dados, da fonte e do consulente (art. 16 da Lei 12.414/2011) pela ocorrência de

---

(Orgs.). *Lei Geral de Proteção de Dados Pessoais e suas repercussões no direito brasileiro*. São Paulo: Thomson Reuters Brasil, 2019.

[312] REsp nº 1.348.532/SP, rel. Min Luis Felipe Salomão, 4ª Turma, Julgamento 10.10.2017, DJe, 30.11.2017.

danos morais nas hipóteses de utilização de informações excessivas ou sensíveis (art. 3º, §3º, I e II, da Lei 12.414/2011), bem como nos casos de comprovada recusa indevida de crédito pelo uso de dados incorretos ou desatualizados.[313]

Sobre a possibilidade de remoção de conteúdo na *Internet*, prevista no Marco Civil da *Internet*, o STJ já havia decidido que os provedores de pesquisa não respondem pelo conteúdo inserido por terceiros e não são obrigados a exercer controle prévio das buscas efetuadas por usuários. No julgamento do REsp nº 1.407.271, de relatoria da Ministra Nancy Andrighi, ficou assentado que não se pode, sob pretexto de dificultar a propagação de conteúdo ilícito e ofensivo na *web*, reprimir o direito da coletividade à informação. Depois disso, em 2017, novamente sob a relatoria da Ministra Nancy Andrighi, assentou o STJ que os provedores não respondem, objetivamente, pela inserção de informações no *site* por terceiros.

Em 2018, ao julgar o REsp nº 1.660.168,[314] a 3ª Turma do STJ concluiu, por maioria (vencidos os Ministros Nancy Andrighi e Ricardo Cueva), que o direito ao esquecimento, conquanto não previsto no ordenamento jurídico, deve ser fundamentado para a remoção de conteúdo considerado ofensivo. Em seguida, a própria Terceira Turma reafirmou a jurisprudência do STJ no sentido de que, anteriormente ao Marco Civil da *Internet*, bastava a ciência inequívoca do conteúdo ofensivo para que o provedor se tornasse responsável por sua remoção em prazo razoável. Então, pode-se dizer que o Marco Civil introduziu a reserva de jurisdição – ou seja, introduziu a responsabilidade do provedor em retirar o conteúdo infringente. Essa responsabilidade tem início a partir da notificação judicial, que deve determinar, claramente, o conteúdo a ser removido, mediante a indicação específica do localizador uniforme de recursos (*Uniform Resource Locator* – URL), sob pena de nulidade.[315]

No ano de 2020, no julgamento da Medida Cautelar deferida na Ação Direta de Inconstitucionalidade (ADI) nº 6387, de relatoria da Ministra Rosa Weber, o STF proferiu a decisão que, até aquele momento,

---

[313] REsp nº 1.457.199/RS, rel Min. Paulo de Tarso Sanseverino, 2ª Seção, Julgamento 12.11.2014, DJe 17.12.2014.

[314] REsp nº 1.660.168/RJ, rel. Min. Nancy Andrighi, rel. p/ Acórdão Min. Macro Aurélio Belizze, 3ª Turma, julgamento 08.05.2018, DJe 05.06.2018.

[315] CUEVA, Ricardo Villas Bôas. A proteção de dados pessoais na jurisprudência do Superior Tribunal de Justiça. *In*: FRAZÃO, Ana; TEPEDINO, Gustavo; OLIVA, Milena Donato (Orgs.). *Lei Geral de Proteção de Dados Pessoais e suas repercussões no direito brasileiro*. São Paulo: Thomson Reuters Brasil, 2019.

a medida talvez fosse a de maior relevância sobre o tema da Proteção de Dados Pessoais. O contexto era caracterizado pela míngua da entrada em vigor da LGPD e não havia previsão em relação à votação da PEC nº 17/2019. A ADI questionava a constitucionalidade da Medida Provisória MP nº 954, que tratava do compartilhamento de dados por empresas de telecomunicações prestadoras de Serviço Telefônico Fixo Comutado e de Serviços Móvel Pessoal com IBGE, para fins de suporte à produção estatística oficial, durante a situação de emergência de saúde pública, de importância internacional, decorrente da Covid-19.

A ação foi proposta pela Ordem dos Advogados do Brasil (OAB) e, além da inconstitucionalidade formal, defendia a inconstitucionalidade material, devido à violação de regras constitucionais que versam sobre a dignidade da pessoa humana e sobre a inviolabilidade da intimidade, da vida privada, da honra e da imagem das pessoas, do sigilo dos dados e da autodeterminação informativa. No acórdão proferido pelo Plenário do STF, ao referendar a Medida Cautelar deferida pela Ministra Relatora, vencido o Ministro Marco Aurélio Cunha, consolidou-se o entendimento de que a força normativa da Constituição deve ser atualizada e reconceitualizada para preservar garantias individuais que constituem a base da democracia constitucional e que, hoje, são diretamente ameaçadas pelo descompasso entre o poder de vigilância e a proteção da intimidade.

Após trazer a evolução do conceito de privacidade e a necessidade de que a força normativa da Constituição deve acompanhar a evolução da sociedade, o Ministro Gilmar Mendes ponderou em seu voto que:

> A autonomia do direito fundamental em jogo na presente ADI exorbita, em essência, de sua mera equiparação com o conteúdo normativo da cláusula de proteção ao sigilo. A afirmação de um direito fundamental à privacidade e à proteção de dados pessoais deriva, ao contrário, de uma compreensão integrada do texto constitucional lastreada ( i ) no direito fundamental à dignidade da pessoa humana, (ii) na concretização do compromisso permanente de renovação da força normativa da proteção constitucional à intimidade (art. 5º, inciso X, da CF/88) diante do espraiamento de novos riscos derivados do avanço tecnológico e ainda (iii) no reconhecimento da centralidade do Habeas Data enquanto instrumento de tutela material do direito à autodeterminação informativa.
>
> (...) A afirmação da autonomia do direito fundamental à proteção de dados pessoais – há de se dizer – não se faz tributária de mero encantamento teórico, mas antes da necessidade inafastável de afirmação de direitos fundamentais nas sociedades democráticas contemporâneas.

Considerando que os espaços digitais são controlados por agentes econômicos dotados de alta capacidade de coleta, armazenamento e processamento de dados pessoais, a intensificação do fluxo comunicacional na *internet* aumenta as possibilidades de violação de direitos de personalidade e de privacidade.

(...) Desse modo, a afirmação da força normativa do direito fundamental à proteção de dados pessoais decorre da necessidade indissociável de proteção à dignidade da pessoa humana ante a contínua exposição dos indivíduos aos riscos de comprometimento da autodeterminação informacional nas sociedades contemporâneas. É importante ainda assentar que essa afirmação de um novo direito fundamental não resulta de um criacionismo jurisprudencial dissociado da própria tradição jurídica brasileira, naquilo que transformada pelos recentes influxos legislativos.

A rigor, entre nós, há mais de duas décadas, já se ensaia a evolução do conceito de privacidade a partir da edição de legislações setoriais que garantem a proteção de dados pessoais, tais como o Código de Defesa do Consumidor, a Lei do Cadastro Positivo, a Lei de Acesso à Informação, o Marco Civil da *Internet* – que inclusive assegura aos usuários da *internet*, entre outros direitos, a inviolabilidade e o sigilo do fluxo de comunicações e dos dados armazenados (art. 7º, II e III) – e, mais recentemente, a Lei Geral de Proteção de Dados (Lei 13.709/2018). Este último diploma assenta de maneira clara que "a disciplina da proteção de dados pessoais tem como fundamentos o respeito à privacidade e a autodeterminação informativa" (art. 2º, incisos I e II).[316]

Como se observa, está-se diante de uma decisão de extrema importância, já que reconhece o caráter autônomo do direito à proteção de dados pessoais, enquadrando-o como direito fundamental. Até aquele momento, as decisões proferidas pelo STF baseavam-se, exclusivamente, na lógica do direito à privacidade, ou seja, considerando que a Constituição tutelaria apenas dados sigilosos e a conservação da sua natureza confidencial. Esse recente precedente representa uma virada histórica na jurisprudência do STF, já que passou a não limitar a proteção constitucional ao caráter sigiloso de uma informação. Basta que um dado seja um bem da personalidade – pessoal – para atrair da proteção constitucional.[317]

Se o núcleo da Constituição é a proteção da dignidade humana e se a garantia dessa proteção varia conforme avançam as tecnologias, o

---

[316] ADI nº 6837, rel. Ministra Rosa Weber. Plenário. Julgamento 07.05.2020. DJe 12.11.2020.
[317] BIONI, Bruno Ricardo. *Proteção de dados pessoais*: a função e os limites do consentimento. 3. ed. Rio de Janeiro: Editora Forense, 2021.

texto constitucional deve ir além da proteção da intimidade e do sigilo. Isso deve ser feito a fim de abranger também o direito à proteção de dados, vocacionado a proteger o usuário de ameaças existenciais, como o uso indiscriminado de dados pessoais com fins discriminatórios.[318]

O julgamento do referendo da medida liminar não foi convertido em julgamento de mérito, de forma que não possui efeito vinculante. A MP nº 954/2020 não foi convertida em lei no prazo previsto, no artigo 62, §§3º e 7º, da Constituição, tendo sua vigência encerrada em 14 de agosto de 2020. Seguindo jurisprudência do próprio STF, a Relatora julgou prejudicada a ADI pela perda superveniente de objeto e extinguiu o processo sem resolução de mérito.[319]

Apesar disso, a decisão do Plenário que referendou a Medida Cautelar deferida representa a pavimentação de um caminho sem volta para a Suprema Corte, que reconheceu, expressamente, a autonomia do direito fundamental à proteção de dados como um direito que pode ser extraído da combinação da cláusula geral de tutela da pessoa humana e do devido processo legal, além da norma constitucional sobre proteção da vida privada. "Essa é a equação constitucional pela qual se ampliou a tutela à pessoa humana para considerar que não apenas uma interferência na sua vida privada-íntima deve ser proporcional, mas, de forma mais ampla, qualquer interferência sobe signos de sua identidade".[320] Basta que, para isso, um dado seja adjetivado como pessoal.

## 3.2 A lei geral de proteção de dados, marco civil da *Internet* e sua repercussão na relação entre as redes sociais e seus usuários

A Lei nº 12.965/2014, conhecida como Marco Civil da *Internet*, inaugurou uma normativa específica para os direitos e as garantias do cidadão nas relações travadas na *Internet*. A Lei é uma reação da sociedade civil contra um movimento legislativo que pretendia regulamentar a *Internet*, no Brasil, por meio de leis penais. Então, de forma principiológica, o Marco Civil da *Internet* assegura os direitos

---

[318] BIONI, Bruno Ricardo. *Proteção de dados pessoais*: a função e os limites do consentimento. 3. ed. Rio de Janeiro: Editora Forense, 2021.

[319] *Idem*.

[320] BIONI, Bruno Ricardo. *Proteção de dados pessoais*: a função e os limites do consentimento. 3. ed. Rio de Janeiro: Editora Forense, 2021. p. 106.

e as garantias do cidadão no ambiente eletrônico, tendo o seu traço marcante na distância de uma técnica normativa prescritiva e restritiva das liberdades individuais, própria do âmbito criminal, que poderia ter efeitos inibitórios para a inovação e a dinamicidade da *web*.[321]

Obedecendo a esse caráter principiológico, o texto legal enuncia, como fundamentos, o reconhecimento da escala mundial da rede, os direitos humanos, o desenvolvimento da personalidade e o exercício da cidadania em meios digitais, a pluralidade e a diversidade, a abertura e colaboração, a livre concorrência e a defesa do consumidor, além da finalidade social da rede. A Lei traz, como alicerce, um tripé axiológico que, em tese, deveria dar o norte da regulação da *Internet* no Brasil – ou seja, como realizar a neutralidade, a privacidade e a liberdade de expressão.[322]

Quanto à neutralidade, tem-se que seu ideal é "uma rede que trata da mesma forma tudo o que transporta, sendo indiferente a natureza do conteúdo ou a identidade do usuário".[323] A ausência de neutralidade da rede traria risco à sociedade devido à filtragem do conteúdo aos usuários que poderia ser feita pelos provedores. Isso poderia gerar a formação de monopólios verticais em relação ao conteúdo da *web*, o que poderia causar uma sensível diminuição de poder de escolha dos consumidores acerca do que acessam e hospedam. Além disso, poderia gerar o controle de preços através da formação de cartéis, a diminuição do tempo médio de velocidade para o consumidor final, a restrição à inovação tecnológica e a diminuição das possibilidades de expressão política na *Internet*.[324]

De modo a operacionalizar o ideal de neutralidade da rede, o Marco Civil o instituiu como princípio. Entretanto, delegou, ao Poder Executivo, a posterior regulamentação do tema. Ainda, a Lei buscou evitar práticas de vigilância que, hoje, compõem a estrutura do modelo de negócios de muitos provedores – e sites de redes sociais

---

[321] BIONI, Bruno Ricardo. *Proteção de dados pessoais*: a função e os limites do consentimento. 3. ed. Rio de Janeiro: Editora Forense, 2021.
[322] LONGHI, João Victor Rozatti. Marco Civil da Internet no Brasil: Breves considerações sobre seus fundamentos, princípios e análise crítica do regime de responsabilidade civil dos provedores. *In*: MARTINS, Guilherme Magalhães; LONGHI, João Victor Rozatti. *Direito digital*: direito privado e internet. Indaiatuba/SP: Foco, 2020.
[323] WU, Tim. *Impérios da Comunicação*: do telefone à internet, da AT&T ao Google. Rio de Janeiro: Zahar, 2012. p. 244.
[324] LONGHI, João Victor Rozatti. Marco Civil da Internet no Brasil: Breves considerações sobre seus fundamentos, princípios e análise crítica do regime de responsabilidade civil dos provedores. *In*: MARTINS, Guilherme Magalhães; LONGHI, João Victor Rozatti. *Direito digital*: direito privado e internet. Indaiatuba/SP: Foco, 2020.

–, disciplinando a questão do registro e da disponibilização de dados referentes à conexão e ao acesso às aplicações da *Internet*.[325] Isso acabou sendo o ponto de partida para legislação específica sobre o tema na LGPD.

A normativa procurou, também, regulamentar a atuação dos intermediários quanto à guarda de registros, dados pessoais e comunicações pessoais.[326] Entre os direitos previstos, encontra-se a proteção da privacidade e dos dados pessoais.[327] A privacidade e a proteção de dados pessoais receberam maior destaque após o episódio de espionagem revelado pelo ex-analista Edward Snowden, da Agência Nacional de Segurança, dos Estados Unidos (*National Security Agency* – NSA). As revelações repercutiram no Marco Civil da *Internet*, que sofreu mudanças substanciais em seu texto, para "endurecer"[328] a proteção ao direito à privacidade e aos dados pessoais. Além disso, houve repercussão na própria tramitação legislativa, levando à adoção do regime de urgência e à aprovação pelo Congresso em 2014.[329]

> Para além dessa guinada quantitativa, constata-se, sobretudo, uma alteração de conteúdo do próprio texto da lei, tendo o legislador eleito um parâmetro normativo muito claro a respeito da proteção dos dados pessoais. Trata-se da autodeterminação informacional fundada na perspectiva de que o próprio usuário deve ter o controle sobre as suas informações pessoais, autodeterminando-se. Socorrer-se, por isso, a técnica de se exigir o consentimento do titular dos dados pessoais para que eles sejam coletados, processados e compartilhados.[330]

---

[325] LONGHI, João Victor Rozatti. Marco Civil da Internet no Brasil: Breves considerações sobre seus fundamentos, princípios e análise crítica do regime de responsabilidade civil dos provedores. *In*: MARTINS, Guilherme Magalhães; LONGHI, João Victor Rozatti. *Direito digital*: direito privado e internet. Indaiatuba/SP: Foco, 2020.

[326] LONGHI, João Victor Rozatti. Marco Civil da Internet no Brasil: Breves considerações sobre seus fundamentos, princípios e análise crítica do regime de responsabilidade civil dos provedores. *In*: MARTINS, Guilherme Magalhães; LONGHI, João Victor Rozatti. *Direito digital*: direito privado e internet. Indaiatuba/SP: Foco, 2020.

[327] BIONI, Bruno Ricardo. *Proteção de dados pessoais*: a função e os limites do consentimento. 3. ed. Rio de Janeiro: Editora Forense, 2021.

[328] "Apenas a título de ilustração, o artigo 7º detinha apenas cinco incisos, passando a ter, no cenário 'pós-Snowden', oito incisos, sendo que todos eles foram direcionados para a proteção de dados pessoais. Com o acréscimo de tais dispositivos, houve uma alteração de ordem qualitativa no arranjo normativo do MCI, tendo sido o usuário eleito como grande protagonista para desempenhar a proteção de seus dados pessoais". (BIONI, Bruno Ricardo. *Proteção de dados pessoais*: a função e os limites do consentimento. 3. ed. Rio de Janeiro: Editora Forense, 2021. p. 129).

[329] BIONI, Bruno Ricardo. *Proteção de dados pessoais*: a função e os limites do consentimento. 3. ed. Rio de Janeiro: Editora Forense, 2021.

[330] LIMA, Cíntia Rosa Pereira de; BIONI, Bruno Ricardo. A proteção dos dados pessoais na fase de coleta: apontamentos sobre a adjetivação do consentimento implementada

Em três dispositivos, é possível observar a menção à necessidade do consentimento do usuário para a coleta, o uso, o armazenamento e o tratamento de seus dados pessoais, tal como a transferência a terceiros.[331] Os incisos VII e IX, do artigo 7º, e o inciso II, do artigo 16, elevam o usuário da *Internet* a um papel de destaque, atribuindo, a esse, o protagonismo em relação ao consentimento.

Nesse passo, o Marco Civil da *Internet* concebe o consentimento como devendo ser livre, expresso e informado, na esteira do disposto no artigo 7º, VI, VIII, IX e XI, atribuindo a necessidade de que esses adjetivos sejam encontrados no momento em que o usuário consente. "Aquele que exerce tal atividade de tratamento de dados pessoais deve prestar informações claras e completas, utilizando-se de cláusulas contratuais destacadas e dando publicidade às suas políticas de uso para o preenchimento dos adjetivos em questão".[332]

Com base nessas informações, é que são especificados os propósitos (art. 7º, VIII) que justificam a coleta dos dados pessoais para que o titular possa fazer as suas escolhas a esse respeito. Para dar forma a essa esfera de controle dos usuários sobre seus dados pessoais, o Marco Civil da Internet ainda dispõe que é dada, ao usuário, a possibilidade de requerer a exclusão de seus dados pessoais fornecidos, de maneira definitiva, a uma determinada aplicação da *Internet*, uma vez encerrada a relação que, originalmente, exigiu o consentimento.[333]

O legislador optou por eleger a autodeterminação informacional como o parâmetro normativo do Marco Civil da *Internet* para a proteção de dados pessoais. Todas as normas contidas ali direcionam o usuário para que seja certificado – de maneira clara e segura – a respeito do fluxo de seus dados pessoais, para que possa controlá-lo por meio do consentimento. "Essa perspectiva de controle perpassa desde a fase de coleta e compartilhamento dos dados com terceiros até o direito de deletá-los junto ao prestador de serviços e produtos de *Internet* ao término da relação".[334]

---

pelo Artigo 7, incisos VIII e IX do marco civil da internet a partir da Human computer interaction e da Privacy by default. *In*: DE LUCCA, Newton; FILHO, Adalberto Simão; DE LIMA, Cíntia Rosa Pereira (Orgs.). *Direito e internet III*: marco civil da internet, lei n. 12.965/2014. São Paulo: Quartier Latin, 2015. p. 267.

[331] BIONI, Bruno Ricardo. *Proteção de dados pessoais*: a função e os limites do consentimento. 3. ed. Rio de Janeiro: Editora Forense, 2021.

[332] BIONI, Bruno Ricardo. *Proteção de dados pessoais*: a função e os limites do consentimento. 3. ed. Rio de Janeiro: Editora Forense, 2021.p. 130.

[333] BIONI, Bruno Ricardo. *Proteção de dados pessoais*: a função e os limites do consentimento. 3. ed. Rio de Janeiro: Editora Forense, 2021.

[334] BIONI, Bruno Ricardo. *Proteção de dados pessoais*: a função e os limites do consentimento. 3. ed. Rio de Janeiro: Editora Forense, 2021. p. 130.

A Lei Geral de Proteção de Dados, Lei nº 13.709/2018, seguiu na mesma toada e deu ainda mais destaque e protagonismo ao usuário e ao consentimento. Já no ano de 2010, quando o primeiro anteprojeto de lei sobre proteção de dados pessoais foi levado à consulta pública, o consentimento ganhava destaque como a única base legal para o tratamento de dados pessoais. Isso repetiria-se na segunda consulta pública, no ano de 2015, quando o que, hoje, são as demais bases legais da LGPD, eram meras hipóteses de dispensa do consentimento.[335]

Não é objetivo deste trabalho esgotar ou, até mesmo, remontar a linha do tempo em relação à discussão sobre o protagonismo do usuário e do consentimento na tutela da proteção de dados pessoais dos usuários de *Internet* e de Redes Sociais, especialmente *Facebook* e *Youtube*. Contudo, é importante rememorar a trajetória do consentimento, dentro da legislação, para se perceber o que levou esse elemento a *status* de um dos pontos centrais da proteção de dados no Brasil.

Nesse passo, é importante compreender que o texto de anteprojeto enviado ao Congresso Nacional e que seria aprovado e sancionado posicionou o consentimento de maneira diversa daquela inicialmente referida. A legislação aprovada colocou o consentimento como uma hipótese (apesar de não ser a única) de tratamento de dados ao lado do que, anteriormente, era apenas dispensa de consentimento.

> (…) em termos de técnica legislativa, o consentimento não só deixou de ser a única base legal para o tratamento de dados, como também foi alocado topograficamente sem ser hierarquicamente superior às demais bases legais por estarem todas horizontalmente elencadas em incisos do artigo 7º da LGPD.[336]

No texto legal, é possível observar a ênfase atribuída ao consentimento, seguindo a linha do regulamento europeu e das normas mais atuais sobre o tema, além de ser uma série de disposições que oferecem regramento específico para concretizar, orientar e reforçar o controle dos dados através do consentimento.[337] Esse maior cuidado

---

[335] BIONI, Bruno Ricardo. *Proteção de dados pessoais*: a função e os limites do consentimento. 3. ed. Rio de Janeiro: Editora Forense, 2021.
[336] BIONI, Bruno Ricardo. *Proteção de dados pessoais*: a função e os limites do consentimento. 3. ed. Rio de Janeiro: Editora Forense, 2021. p. 131.
[337] TEPEDINO, Gustavo. TEFFÉ, Chiara Spadaccini de. Consentimento e proteção de dados pessoais na LGPD. *In*: FRAZÃO, Ana; TEPEDINO, Gustavo; OLIVA, Milena Donato. *Lei Geral de Proteção de Dados Pessoais e suas repercussões no direito brasileiro*. São Paulo: Thomson Reuters Brasil, 2019.

com o consentimento do titular mostra-se de grande relevância no cenário tecnológico atual, no qual se verifica a coleta em massa de dados pessoais, a mercantilização desses bens por parte de uma série de sujeitos e situações de pouca transparência e informação no que tange ao tratamento de dados dos usuários de serviços *online*.[338]

É por meio do consentimento, ainda, que o direito civil tem a oportunidade de estruturar a circulação de dados e dos direitos fundamentais, a partir da consideração da autonomia da vontade, uma disciplina que ajuste os efeitos desse consentimento à natureza dos interesses em questão.[339] O consentimento compreende um poder conferido à pessoa de modificar sua própria esfera jurídica com base na expressão de sua vontade. Sua utilização como instrumento paradigmático para a tutela dos dados pessoais deve ser observada a partir de seus feitos na sua concreta aplicação ao caso dos dados pessoais.[340]

Nesse sentido, a interpretação do consentimento deve ser sempre restritiva, ou seja, o agente não pode estender a autorização concedida para o tratamento dos dados para outros meios, além daqueles pactuados, para momento posterior, para fim diverso ou, ainda, para pessoa distinta daquela que recebeu a autorização.[341] O consentimento representa instrumento de manifestação individual no campo dos direitos da personalidade e tem o papel de legitimar que terceiros utilizem, em alguma medida, os dados de seu titular.[342] Ele compreende a liberdade de escolha, sendo o meio para a construção e delimitação da esfera privada. Portanto, associa-se à autodeterminação existencial e informacional do ser humano, mostrando-se imprescindível para a proteção do indivíduo e a circulação de informações.

A LGPD indica que o consentimento é caracterizado como uma manifestação livre, informada e inequívoca, pela qual o titular

---

[338] TEPEDINO, Gustavo. TEFFÉ, Chiara Spadaccini de. Consentimento e proteção de dados pessoais na LGPD. *In*: FRAZÃO, Ana; TEPEDINO, Gustavo; OLIVA, Milena Donato. *Lei Geral de Proteção de Dados Pessoais e suas repercussões no direito brasileiro*. São Paulo: Thomson Reuters Brasil, 2019.

[339] DONEDA, Danilo Cézar. *Da privacidade à proteção de dados pessoais*. 2. ed. São Paulo: Thomson Reuters Brasil, 2019.

[340] DONEDA, Danilo Cézar. *Da privacidade à proteção de dados pessoais*. 2. ed. São Paulo: Thomson Reuters Brasil, 2019.

[341] TEPEDINO, Gustavo. TEFFÉ, Chiara Spadaccini de. Consentimento e proteção de dados pessoais na LGPD. *In*: FRAZÃO, Ana; TEPEDINO, Gustavo; OLIVA, Milena Donato. *Lei Geral de Proteção de Dados Pessoais e suas repercussões no direito brasileiro*. São Paulo: Thomson Reuters Brasil, 2019.

[342] DONEDA, Danilo. Panorama histórico da proteção de dados pessoais. *In*: DONEDA, Danilo et al. (Orgs.). *Tratado de proteção de dados pessoais*. Rio de Janeiro: Forense, 2021.

concorda com o tratamento de seus dados pessoais, para uma finalidade determinada. Assim, indica que o titular deve ser livre para escolher entre aceitar ou recursar a utilização de seu bem sem intervenções ou situações que viciem o seu consentimento. Nessa linha, estabeleceu-se, de forma expressa, a vedação ao tratamento de dados pessoais mediante vício de consentimento.[343]

Aliás, é interessante notar a assimetria entre as partes da relação entre usuário e rede social. Há clara vulnerabilidade do usuário, e é necessário que se garanta que o consentimento se dê de forma livre, informada e inequívoca. "Deve-se verificar qual é o poder de barganha do cidadão com relação ao tratamento de seus dados pessoais, o que implica considerar quais são as opções do titular com relação ao tipo de dado até os seus possíveis usos".[344]

A Lei também estabelece que, se o tratamento dos dados pessoais for condição ao fornecimento de produto ou de serviço ou ao exercício de direito, o titular será informado, com destaque, sobre esse fato e sobre os meios pelos quais poderá exercer seus direitos enumerados no artigo 18, da LGPD. A ideia é a oxigenação dos processos de tomada de decisão, além de incentivar as configurações de privacidade personalizáveis e a possibilidade de manifestação do consentimento de forma granular, podendo o cidadão emitir autorizações fragmentadas no tocante ao fluxo de seus dados[345] – o que não ocorre nos casos de *Facebook* e *YouTube,* como ficou claro no capítulo anterior.

Quanto a ser informado, significa que o titular do bem tem de ter, ao seu dispor, as informações necessárias e suficientes para avaliar, corretamente, a situação e a forma como seus dados serão tratados. A informação é fato determinante para a expressão de um consentimento livre e consciente, circunscrito a certo tratamento, para determinado agente e sob determinadas condições. "Para diminuir a assimetria técnica e informacional existente entre as partes, exige a lei que ao cidadão sejam fornecidas informações transparentes, adequadas, claras e em

---

[343] TEPEDINO, Gustavo. TEFFÉ, Chiara Spadaccini de. Consentimento e proteção de dados pessoais na LGPD. *In*: FRAZÃO, Ana; TEPEDINO, Gustavo; OLIVA, Milena Donato. *Lei Geral de Proteção de Dados Pessoais e suas repercussões no direito brasileiro.* São Paulo: Thomson Reuters Brasil, 2019.

[344] BIONI, Bruno Ricardo. *Proteção de dados pessoais*: a função e os limites do consentimento. 3. ed. Rio de Janeiro: Editora Forense, 2021. p. 97.

[345] TEPEDINO, Gustavo. TEFFÉ, Chiara Spadaccini de. Consentimento e proteção de dados pessoais na LGPD. *In*: FRAZÃO, Ana; TEPEDINO, Gustavo; OLIVA, Milena Donato. *Lei Geral de Proteção de Dados Pessoais e suas repercussões no direito brasileiro.* São Paulo: Thomson Reuters Brasil, 2019.

quantidade satisfatória acerca dos riscos e implicações do tratamento de seus dados".³⁴⁶

Na lógica do consentimento informado, o artigo 9º, da LGPD, dispõe que o titular tem direito ao acesso facilitado às informações sobre o tratamento de seus dados. Essas informações deverão ser disponibilizadas de forma clara, adequada e ostensiva acerca da finalidade específica do tratamento, assim como sua forma e sua duração, observados os segredos comercial e industrial, a identificação do controlador, as informações acerca do uso compartilhado de dados pelo controlador e a finalidade, responsabilidade dos agentes que realizarão o tratamento e direitos do titular, com menção explícita aos direitos contidos no artigo 18.³⁴⁷

Na hipótese em que o consentimento é requerido, será considerado nulo caso as informações fornecidas ao titular tenham conteúdo enganoso ou abusivo ou não tenham sido apresentadas previamente com transparência e de forma clara ou inequívocas. Novamente, não é o caso das informações prestadas aos usuários de *Facebook* e *YouTube* quando esses aceitam as condições gerais de contratação. Além disso, se houver mudanças em relação à finalidade do tratamento dos dados estabelecido no consentimento original, o controlador deverá informar previamente o titular sobre essas mudanças, podendo esse revogar o consentimento caso discorde das alterações.³⁴⁸

A manifestação de vontade deve ser inequívoca também, ou seja, ocorrer de forma bastante clara. A validade do consentimento relaciona-se, ainda, com o princípio da finalidade, que dispõe que a realização do tratamento de dados deverá dar-se para propósitos legítimos, específicos, explícitos e informados ao titular. A manifestação deverá referir-se a finalidades determinadas, de modo que autorizações genéricas para o tratamento de dados pessoais serão nulas. A informação é fator determinante para a expressão do consentimento

---

[346] TEPEDINO, Gustavo. TEFFÉ, Chiara Spadaccini de. Consentimento e proteção de dados pessoais na LGPD. *In*: FRAZÃO, Ana; TEPEDINO, Gustavo; OLIVA, Milena Donato. *Lei Geral de Proteção de Dados Pessoais e suas repercussões no direito brasileiro*. São Paulo: Thomson Reuters Brasil, 2019. p. 301.

[347] FRAZÃO, Ana. Fundamentos da proteção dos dados pessoais – Noções introdutórias para a compreensão da importância da Lei Geral de Proteção de Dados. *In*: FRAZÃO, Ana; TEPENDINO, Gustavo; OLIVA, Milena Donato. *Lei Geral de Proteção de Dados Pessoais e suas repercussões no Direito Brasileiro*. 1. ed. São Paulo: Thomson Reuters Brasil, 2019.

[348] TEPEDINO, Gustavo. TEFFÉ, Chiara Spadaccini de. Consentimento e proteção de dados pessoais na LGPD. *In*: FRAZÃO, Ana; TEPEDINO, Gustavo; OLIVA, Milena Donato. *Lei Geral de Proteção de Dados Pessoais e suas repercussões no direito brasileiro*. São Paulo: Thomson Reuters Brasil, 2019.

livre e consciente, de forma que se deve destacar a importância do princípio da finalidade para restringir a generalidade na utilização do bem: como já registrado, o consentimento valerá para certo tratamento, para determinado agente e sob determinadas condições.[349]

A finalidade da coleta de dados deve ser conhecida previamente. O princípio em questão fala sobre a relação entre os dados colhidos e a finalidade perseguida pelo agente (pertinência). Também, apresenta relação com a finalidade da coleta, a utilização dos dados de forma não abusiva e a eliminação ou transformação em dados anônimos das informações que se tornam desnecessárias.[350]

O consentimento do titular foi apresentado, na LGPD, como a primeira possibilidade para a realização do tratamento de dados pessoais (art. 7º, I), sendo que deverá ser fornecido por escrito ou por outro meio que demonstre a manifestação de vontade do titular (art. 8º).[351] Embora não haja necessidade de o consentimento estar consubstanciado em declaração escrita, não pode ser extraído da omissão do usuário, mas, sim, deve ser obtido de atos positivos que revelem a vontade do titular dos dados.[352]

Não é tal situação que se encontra nas condições gerais de contratação do *Facebook* e do *YouTube*. Os documentos apresentados pelas sociedades empresárias controladoras das redes sociais revelam, em sua materialidade, o descumprimento das exigências em relação ao consentimento como é exigido pela LGPD e pelo Marco Civil da *Internet*. Ainda que se possa considerar que a formalidade exigida em relação ao consentimento existe (visto que o titular dos dados que é usuário das redes sociais deve clicar em "li e concordo"), o que se têm é que os requisitos (livre, informado e inequívoco) nem minimamente são verificados nos casos estudados.

---

[349] FRAZÃO, Ana. Fundamentos da proteção dos dados pessoais – Noções introdutórias para a compreensão da importância da Lei Geral de Proteção de Dados. In: FRAZÃO, Ana; TEPENDINO, Gustavo; OLIVA, Milena Donato. *Lei Geral de Proteção de Dados Pessoais e suas repercussões no Direito Brasileiro*. 1. ed. São Paulo: Thomson Reuters Brasil, 2019.

[350] RODOTÀ, Stéfano. *A vida na sociedade da vigilância*: a privacidade hoje. Coord. Maria Celina Bodin de Moraes. Trad. Danilo Doneda e Luciana Cabral Doneda. Rio de Janeiro: Renovar, 2008.

[351] TEPEDINO, Gustavo. TEFFÉ, Chiara Spadaccini de. Consentimento e proteção de dados pessoais na LGPD. In: FRAZÃO, Ana; TEPEDINO, Gustavo; OLIVA, Milena Donato. *Lei Geral de Proteção de Dados Pessoais e suas repercussões no direito brasileiro*. São Paulo: Thomson Reuters Brasil, 2019.

[352] FRAZÃO, Ana. Fundamentos da proteção dos dados pessoais – Noções introdutórias para a compreensão da importância da Lei Geral de Proteção de Dados. In: FRAZÃO, Ana; TEPENDINO, Gustavo; OLIVA, Milena Donato. *Lei Geral de Proteção de Dados Pessoais e suas repercussões no Direito Brasileiro*. 1. ed. São Paulo: Thomson Reuters Brasil, 2019.

Apesar de todos os problemas encontrados nas condições gerais de contratação analisadas neste trabalho, o que também foi possível observar é que os usuários, mesmo preocupados com sua privacidade e com o fluxo informacional de seus dados, não estão dispostos a, por exemplo, deixar de utilizar os serviços prestados por essas redes. O questionário demonstrou que essa disposição não surge – mesmo havendo detrimento de seu bem jurídico, que ocorre a partir do consentimento para coleta e tratamento dos dados pessoais.

Do ponto de vista da legislação, o consentimento do titular dos dados alcançou um papel fundamental, mesmo que diante da existência de dúvidas em torno da racionalidade e do poder de barganha do usuário para que, de fato, empreendesse um controle efetivo sobre seus dados pessoais.[353] Para entender esse comportamento paradoxal, há de se considerar alguns fatores sobre o consentimento. O primeiro é que, em regra, esse apresenta-se como um elemento acessório, sempre ligado a uma determinada situação fundamentada – por exemplo, a inscrição em um concurso, assinatura de um contato, solicitação de acesso à rede social e tantas outras situações.[354]

O confronto com situações reais revela que, nessas ocasiões, a alternativa composta pela não revelação dos dados pessoais do seu titular costuma ser traduzida na renúncia de determinados bens ou serviço, como no caso das redes sociais *Facebook* e *YouTube*, em que o usuário só consegue acesso se concordar com os termos e as condições. A disparidade de poder entre o usuário (de quem é demandado consentimento) e aquele que os pede faz com que a verdadeira opção que reste ao usuário seja a de "tudo ou nada", "pegar ou largar".[355]

Outro fator que deve ser observado é que o consentimento para tratamento de dados pessoais pode apresentar-se como um procedimento ineficaz, já que nem sempre o usuário consegue perceber a exata dimensão de sua exposição. Um exemplo bastante eloquente dessa dificuldade do usuário é o que Georg Simmel e Jeffrey Rosen[356] identificaram como um "fenômeno estranho" (*strange phenomenon*). Para eles, nessas ocasiões, é comum que sejam confiadas informações

---

[353] BIONI, Bruno Ricardo. *Proteção de dados pessoais*: a função e os limites do consentimento. 3. ed. Rio de Janeiro: Editora Forense, 2021.
[354] DONEDA, Danilo Cézar. *Da privacidade à proteção de dados pessoais*. 2. ed. São Paulo: Thomson Reuters Brasil, 2019.
[355] DONEDA, Danilo Cézar. *Da privacidade à proteção de dados pessoais*. 2. ed. São Paulo: Thomson Reuters Brasil, 2019.
[356] SIMMEL, Georg; ROSEN, Jeffrey. *The unawanted gaze*. New York, Random House: 2000.

sobre assuntos muito pessoais a desconhecidos, o que não aconteceria da mesma forma a pessoas íntimas. Tal fato se justificaria pela certeza de que a revelação feita não implicaria em um julgamento por parte do estranho.

Esse fator coincide com o exemplo mencionado por Danilo Doneda, em que a pessoa revela, ao "atendente desconhecido de um bar", detalhes de sua vida pessoal, justamente, por ter a certeza de que o atendente nada ganharia tornando público seu relato.[357] Essa conduta de revelar, a estranhos, situações pessoais assemelha-se a atividade de fornecer informações pessoais na *web* – especialmente, em redes sociais. "Nossa predisposição em revelar detalhes pessoais na *Internet* é uma manifestação tecnológica do fenômeno estranho".[358]

Portanto, o paradoxo da privacidade é o fato de que, quando o consentimento centraliza a disciplina da proteção de dados pessoais, o interessado somente poderá obter a tutela em um momento posterior ao consentimento, valendo-se da arguição de algum defeito desse. Em outras palavras, isso implica que a pessoa que concordou primeiro em revelar seus dados pode valer-se da tutela somente depois.[359] Esse conjunto de fatores permite caracterizar o consentimento: "se o cotejarmos com a função que dele se pretende, qual seja a de ser um instrumento para a livre construção da esfera privada, uma ficção".[360]

Sua utilização pode ser instrumentalizada pelos interesses que pretendem que não seja mais que uma via para legitimar a inserção dos dados pessoais no mercado. Por outro lado, "o consentimento pode ser incentivado pelo próprio Estado sob a (falsa) premissa de conceder aos cidadãos um instrumento forte e absoluto para determinar livremente a utilização de seus próprios dados".[361] Assim, o Estado teria um falso álibi para não intervir em uma situação na qual deveria agir, positivamente, na defesa de direitos fundamentais.[362]

---

[357] DONEDA, Danilo Cézar. *Da privacidade à proteção de dados pessoais*. 2. ed. São Paulo: Thomson Reuters Brasil, 2019.

[358] SIMMEL, Georg; ROSEN, Jeffrey. *The unawanted gaze*. New York, Random House: 2000. p. 198.

[359] DONEDA, Danilo Cézar. *Da privacidade à proteção de dados pessoais*. 2. ed. São Paulo: Thomson Reuters Brasil, 2019.

[360] RODOTÀ, Stéfano. *A vida na sociedade da vigilância*: a privacidade hoje. Coord. Maria Celina Bodin de Moraes. Trad. Danilo Doneda e Luciana Cabral Doneda. Rio de Janeiro: Renovar, 2008. p. 50.

[361] DONEDA, Danilo Cézar. *Da privacidade à proteção de dados pessoais*. 2. ed. São Paulo: Thomson Reuters Brasil, 2019. p. 300.

[362] RODOTÀ, Stéfano. *A vida na sociedade da vigilância*: a privacidade hoje. Coord. Maria Celina Bodin de Moraes. Trad. Danilo Doneda e Luciana Cabral Doneda. Rio de Janeiro: Renovar, 2008.

A insistência exclusiva nos meios de controle individual bem pode ser o álibi de um poder público ávido por contornar os novos problemas causados por grandes acervos de informação e que assim se refugia em uma exaltação ilusória dos poderes do indivíduo, que assim confiou a gestão de um jogo que só o verá como um perdedor.[363,364]

Uma reflexão sobre o papel do consentimento para o tratamento de dados pessoais também é necessária para retirá-lo de uma posição na qual, a partir de eventual tecnicidade, ele poderia neutralizar a atuação dos direitos fundamentais.[365] Tal questão serve de paradigma de um consenso visto como um *all-exonerantig instrument*, ou seja, contratos que contêm suas próprias cláusulas de tratamento de dados pessoais, como os firmados entre o usuário e as redes sociais e que, muitas vezes, suprimem as expectativas de privacidade em relação a esses tipos de dados.[366] Quando inseridas nos contratos de consumo, essas cláusulas podem implicar na aplicação da norma específica e de natureza protetiva do consumidor/titular,[367] mas, ainda assim, o usuário teria a sua proteção apenas limitada.

Nesse passo, o consentimento tem sido visto como o pilar de estratégia regulatória, mais como um meio para legitimar os modelos de negócios da economia digital do que um meio eficiente para desempenhar a proteção de dados pessoais. Tem sido encarado como uma verdadeira ficção deformadora do regime legal de proteção de dados pessoais de uma aplicação na prática. "Por tal motivo, é de suma importância frisar essa incompatibilidade do desenho normativo de proteção de dados pessoais e, por conseguinte, pensar como isso pode ser absorvido para fins de reflexão e reajustes do ponto de vista de uma (nova) estratégia regulatória".[368]

---

[363] RODOTÀ, Stéfano. *A vida na sociedade da vigilância*: a privacidade hoje. Coord. Maria Celina Bodin de Moraes. Trad. Danilo Doneda e Luciana Cabral Doneda. Rio de Janeiro: Renovar, 2008. p. 50.

[364] Tradução livre do autor do seguinte texto original: "L'insistenza exclusiva sui mezzi di controllo individuale bem può essere l'alibi di un potere pubblico desideroso di eludere i nuovi problemi determinati dalle grandi raccolte di informazioni e che si rifugia così in uma illusoria esaltazione dei poteri del singolo, che si vedrà così affidata la gestione di uma partia che non potrà che vederlo perdente".

[365] DONEDA, Danilo Cézar. *Da privacidade à proteção de dados pessoais*. 2. ed. São Paulo: Thomson Reuters Brasil, 2019.

[366] BURKERT, Herbert. Privacy-Data Protection – A German/European Perspective. *In*: ENGEL, Cristoph (Org.). *Governance of Global Networks in the Light of Differing Local Values*. Baden-Baden: Nomos, 2000.

[367] DONEDA, Danilo Cézar. *Da privacidade à proteção de dados pessoais*. 2. ed. São Paulo: Thomson Reuters Brasil, 2019.

[368] BIONI, Bruno Ricardo. *Proteção de dados pessoais*: a função e os limites do consentimento. 3. ed. Rio de Janeiro: Editora Forense, 2021. p. 164.

## 3.3 Reflexões sobre as condições gerais de contratação de *Facebook* e *YouTube*

Não há necessidade de mapear de forma aprofundada ou, até mesmo, apontar o percentual de produtos e serviços *online* para poder afirmar que, em sua maioria, são produtos ou serviços disponibilizados "gratuitamente", ou seja, sem contraprestação pecuniária direta para fruição por parte dos usuários.

Na tela de computadores e *smartphones*, prevalece o acesso livre na maior parte dos produtos e serviços oferecidos (assim como nas redes sociais que são objeto deste trabalho). À exceção de alguns poucos serviços exclusivos que o *Google* fornece aos assinantes do *YouTube* (como a possibilidade de baixar vídeos para assistir *offline*), em regra, não há contrapartida pecuniária direta por esse acesso.

Apesar disso, está-se diante de um cenário em que as sociedades empresárias prestadoras desses serviços são as que mais crescem em termos de faturamento no mundo. No ano de 2020, *Google*, *Amazon*, *Apple*, *Facebook* e *Microsoft* tiveram, juntas, um lucro declarado de US$206 bilhões, sendo que US$40,3 bilhões foram os lucros anuais do *Google*, e US$29,1 bilhões, do *Facebook*.[369] Esse lucro é bastante significativo, já que é obtido a partir da prestação de um suposto serviço "gratuito". Ao contrário, ocorre a inserção dos dados pessoais de seus usuários na atual economia da informação – em que a relação entre consumidor e fornecedor difere do modelo tradicional de negócios.

No modelo tradicional de negócios, consumidores trocam uma quantia pecuniária por um bem de consumo. Trata-se de uma relação bilateral entre consumidor e fornecedor, cuja transação econômica é aperfeiçoada por uma transferência pecuniária.[370] Sob um novo modelo de negócio, consumidores não pagam, em dinheiro, pelos bens de consumo – eles cedem seus dados em troca de publicidade direcionada. São os anunciantes de conteúdo publicitário que aperfeiçoaram o seu arranjo econômico. Dessa forma, a relação bilateral antes evidenciada torna-se "plurilateral", na medida em que envolve, necessariamente, os anunciantes de conteúdo publicitário para haver retorno financeiro nesse modelo de negócios.[371]

---

[369] NOBREGA, Igor. Big techs lucraram mais de R$ 1,1 trilhão em 2020. *Poder 360*, 06 de fev. 2021. Disponível em: https://www.poder360.com.br/tecnologia/big-techs-lucraram-mais-de-r-11-trilhao-em-2020/. Acesso em: 23 jul. 2021.

[370] BIONI, Bruno Ricardo. *Proteção de dados pessoais*: a função e os limites do consentimento. 3. ed. Rio de Janeiro: Editora Forense, 2021.

[371] BIONI, Bruno Ricardo. *Proteção de dados pessoais*: a função e os limites do consentimento. 3. ed. Rio de Janeiro: Editora Forense, 2021.

Essa é a lógica que se encontra na prestação de serviços do *Facebook* e do *YouTube,* cujas condições gerais de contratação procuram garantir o consentimento do usuário para a coleta, o tratamento e a transferência dos dados pessoais. Trata-se de um modelo de negócios que é financiado, predominantemente, pela publicidade comportamental. Em um primeiro momento, atraem o usuário para que ele usufrua de um serviço "gratuito" (sem garantir a opção pelo consentimento) para que, em um segundo momento, coletem seus dados pessoais e viabilizem o direcionamento da mensagem publicitária.[372]

A expressão "modelo de negócios de publicidade a preço zero" – *zero-price advertisement business model*[373] – resume essa dinâmica. Os usuários não pagam uma quantia monetária (*zero-price*) pelo produto ou serviço. A contraprestação deriva do fornecimento de seus dados pessoais, o que possibilita o direcionamento de conteúdo publicitário, onde, indiretamente, a receita pagará pelo bem de consumo (*advertisement business model*).

Quando o usuário lê uma notícia de um portal, assiste a um vídeo, posta uma foto, envia um e-mail, efetua uma busca por um nome ou mesmo quando pratica qualquer ato vinculado à rede social – inclusive estando *offline* – acaba movimentando o ciclo econômico.[374] A formatação desse modelo de negócios confirma a "monetização dos dados pessoais, tornando coerente a equação econômica da grande gama de produtos e serviços que são 'gratuitamente' disponibilizados na *Internet*".[375]

Na lógica de economia digital, os dados pessoais são a moeda de troca pelo bem de consumo. Em um contexto de agregação de dados, em um fluxo informacional complexo, o consumidor não sabe, ao certo, os custos efetivos da realização desse modelo de negócio "gratuito", já que é incerto o trânsito de seus dados pessoais e o que deles se pode

---

[372] CUSUMANO, Michael A.; GOELDI, Andreas. New Businesses and new business models. *In*: DUTTON, Willian H. (Org.). *The Oxford handbook of internet studies.* United Kingdon: Oxford University Press, 2012.

[373] STRANDBURG, Katherine J. Frefall: The Online Market's Consumer Performance Disconnect. *NYU School of Law, Public Law resarch Paper,* v. 2013, p. 95-172, 2013. Disponível em: https://chicagounbound.uchicago.edu/cgi/viewcontent.cgi?article=1511&context=uclf Acesso em: 15 jul. 2021.

[374] NOVOTNY, Alexander; SPIEKERMANN, Sarah. Personal Information Markets and Privacy: A New Model to Solve the Controversy. *WI'2013, Leipzig,* p. 1-16, 2012. Disponível em: http://dx.doi.org/10.2139/ssrn.2148885. Acesso em: 21 jul. 2021.

[375] BIONI, Bruno Ricardo. *Proteção de dados pessoais*: a função e os limites do consentimento. 3. ed. Rio de Janeiro: Editora Forense, 2021. p. 24.

extrair.[376] O consumidor/usuário compra agora para pagar depois[377] e cria um quadro de incertezas em um novo tipo de vulnerabilidade,[378] na medida em que o titular de dados pessoais pode sofrer eventual dano pela má utilização de seus dados, com gravidade aumentada pelo fato de que sequer é possível antever a situação.

Ainda, a isso, somam-se as já mencionadas limitações cognitivas do ser humano, que, pelo menos em regra, o impedem de refletir sobre as gratificações e as perdas mediatas e imediatas necessárias para racionalizar um processo de tomada de decisão genuíno a respeito do fluxo de seus dados pessoais. Nesse sentido, as diversas oportunidades, na sociedade atual, estão condicionadas ao fornecimento dos dados pessoais. Cada vez mais, a participação social é dependente desse trânsito informacional. Na verdade, a lógica do mercado e da sociedade da informação arquitetam uma falsa escolha, já que, para fazer parte do "jogo", deve-se aceitar o convite concordando com o compartilhamento dos dados pessoais.[379] De acordo com Bioni, percebe-se:

> (...) um traço vulnerante peculiar sob diversas perspectivas: informacional, técnica e econômica. Isso é o saldo de uma assimetria, igualmente própria do mercado informacional, que agrava a condição de vulnerável do cidadão. Há uma sobreposição de fraquezas, na medida em que aquele sujeito vulnerável é inserido em um novo contexto: o do mercado informacional.[380]

Por essa razão, é que se considera que o consumidor é hipervulnerável[381] devido à existência do mercado informacional. Esse agravamento decorre da situação objetiva pertinente a sua inserção nesse mercado, cujos traços de vulnerabilidade são peculiares e sobrepõem-se

---

[376] BIONI, Bruno Ricardo. *Proteção de dados pessoais*: a função e os limites do consentimento. 3. ed. Rio de Janeiro: Editora Forense, 2021.

[377] STRANDBURG, Katherine J. Frefall: The Online Market's Consumer Performance Disconnect. *NYU School of Law, Public Law resarch Paper*, v. 2013, p. 95-172, 2013. Disponível em: https://chicagounbound.uchicago.edu/cgi/viewcontent.cgi?article=1511&context=uclf Acesso em: 15 jul. 2021.

[378] DONEDA, Danilo. *A proteção de dados pessoais nas relações de consumo*: para além da informação creditícia. Brasília, SDE/DPDC, 2010. p. 09.

[379] BIONI, Bruno Ricardo. *Proteção de dados pessoais*: a função e os limites do consentimento. 3. ed. Rio de Janeiro: Editora Forense, 2021.

[380] BIONI, Bruno Ricardo. *Proteção de dados pessoais*: a função e os limites do consentimento. 3. ed. Rio de Janeiro: Editora Forense, 2021. p. 161.

[381] MARQUES, Claudia Lima; MIRAGEM, Bruno. *O novo direito privado e a proteção dos vulneráveis*. São Paulo: Revista dos Tribunais, 2012.

aos ordinários das tradicionais relações de consumo.³⁸² Tal sobreposição de vulnerabilidades reclama a sobreposição de regimes legais, exatamente, o que ocorre com a proteção de dados pessoais dos consumidores, em que se nota uma diversidade de fontes do direito que dialogarão para tutelar esse sujeito hiper vulnerável na medida de suas fraquezas acumuladas.³⁸³

Chama a atenção que o desenvolvimento normativo de proteção de dados seguiu em sentido oposto à lógica da constatação da hipervulnerabilidade do titular de dados pessoais:

> Muito embora se dedique um diploma próprio para tratar dessa situação específica de vulnerabilidade, apostam-se todas as fichas normativas como se a parte mais fraca desse arranjo regulatório fosse um sujeito racional, livre e capaz de fazer valer a proteção de seus dados pessoais.³⁸⁴

Nessa medida, como já referido, o consentimento tem sido visto como o pilar de estratégia regulatória, mas serve mais como um meio para legitimar os modelos de negócios da economia digital do que como um meio eficiente para desempenhar a proteção de dados pessoais. Por esse motivo, é preciso destacar essa incompatibilidade do desenho normativo de proteção de dados pessoais e pensar como isso pode ser absorvido para fins de reflexão e reajustes do ponto de vista de uma nova estratégia regulatória.³⁸⁵

Mais do que garantir "artificialmente"³⁸⁶ muitos qualificadores para o consentimento, há necessidade de se buscar ferramentas regulatórias para equalizar essa assimetria do mercado informacional. Não parece possível concluir, a partir da pesquisa realizada neste trabalho, que o consentimento tenha a capacidade de garantir, ao usuário, o melhor controle de seus dados. Verdadeiramente, não há autonomia para o usuário autodeterminar o fluxo informacional de seus dados pessoais

---

[382] BIONI, Bruno Ricardo. *Proteção de dados pessoais*: a função e os limites do consentimento. 3. ed. Rio de Janeiro: Editora Forense, 2021.

[383] AZEVEDO, Antônio Junqueira d. O direito pós-moderno e a codificação. *In*: MARQUES, Cláudia Lima; MIRAGEM, Bruno (Org.). *Direito do consumidor* – fundamentos do direito do consumidor. São Paulo: Revista dos Tribunais, 2011. (Coleção doutrinas essenciais).

[384] BIONI, Bruno Ricardo. *Proteção de dados pessoais*: a função e os limites do consentimento. 3. ed. Rio de Janeiro: Editora Forense, 2021. p. 163.

[385] ACQUISITI, Alessandro. Nudging privacy: behavioral economics of personal information. *IEEE Security & Privacy*, v. 7, n. 6, p. 82-85, 2009. Disponível em: https://doi.org/10.1109/MSP.2009.163 Acesso em: 23 jul. 2021.

[386] BIONI, Bruno Ricardo. *Proteção de dados pessoais*: a função e os limites do consentimento. 3. ed. Rio de Janeiro: Editora Forense, 2021. p. 164.

apenas com base no consentimento, ainda que estejam presentes todos os adjetivos – inequívoco, expresso, informado, específico ou livre[387] – que a lei e doutrina indicam como necessários para sua implementação de forma plena.

Talvez, como defende Bruno Bioni,[388] seja necessário pensar em disposições normativas complementares que atuem no próprio fluxo informacional, sem deixar, exclusivamente, para o usuário, a responsabilidade pela proteção dos dados pessoais. A tutela jurídica deve ir muito além do raciocínio simplista centrado na escolha do indivíduo em consentir, ou não, com o tratamento dos seus dados pessoais.[389] O cenário normativo que entrega o "peso" da proteção de dados, exclusivamente, ao usuário, por meio do consentimento, mostra-se incompatível com o reconhecimento da vulnerabilidade no mercado informacional.

Faz-se necessária uma maior participação do Estado na proteção dos dados pessoais, seja por meio de um desenho normativo diferente, seja pela formulação de políticas públicas "para que se empodere o sujeito vulnerável e, por outro lado, que não se foque apenas na instrumentalização do controle dos dados pessoais a ponto de se pensar em uma normatização substantiva da privacidade informacional".[390] A dinâmica do mercado informacional expõe o usuário às vulnerabilidades, que ocorrem de maneira que nem mesmo a proteção contratual do consumidor, por exemplo, é capaz de proporcionar a necessária proteção ao usuário e seus dados pessoais.

Isso porque a proteção contratual do consumidor é, por excelência, um controle mediante a declaração de nulidade de cláusulas contratuais abusivas, com grande destaque ao artigo 51, do CDC, ou seja, um controle repressivo. Em sentido diverso, a dinâmica da proteção de dados pessoais tem sido desenvolvida sob uma racionalidade de prevenção. Tal situação fica evidenciada, inclusive, na caracterização do consentimento. A extensa adjetivação do consentimento visa garantir,

---

[387] BIONI, Bruno Ricardo. *Proteção de dados pessoais*: a função e os limites do consentimento. 3. ed. Rio de Janeiro: Editora Forense, 2021. p. 166.
[388] BIONI, Bruno Ricardo. *Proteção de dados pessoais*: a função e os limites do consentimento. 3. ed. Rio de Janeiro: Editora Forense, 2021.
[389] BLUME, Peter. The inherent contradictions in data protection law. *International data Privacy Law*, v. 2, n. 1, p. 26-34, 2012. Disponível em: https://doi.org/10.1093/idpl/ipr020. Acesso em: 23 jul. 2021.
[390] BIONI, Bruno Ricardo. *Proteção de dados pessoais*: a função e os limites do consentimento. 3. ed. Rio de Janeiro: Editora Forense, 2021.p. 64.

previamente, ao cidadão, o controle dos seus dados pessoais.[391] Nesse passo, a proteção contratual do consumidor, no âmbito das condições gerais de contratação, dos termos de uso e das políticas de privacidade, não se mostra suficiente.

A proteção do consumidor, no âmbito das políticas de privacidade, não pode ser vista como o mecanismo ideal para a proteção de dados pessoais. Em vez disso, deve ser entendida como uma solução paliativa no caso da solução regulatória primária falhar. Logo, trata-se da necessidade de se perquirir se há novas formas de se concretizar a esfera de controle do usuário sobre seus dados pessoais, se há ferramentas (novas ou não) que sejam tão líquidas e fluidas quanto é o fluxo dos dados pessoais que percorrem todo o ambiente *online*.[392] Isso porque a técnica contratual *offline* das condições gerais de contratação e das políticas de privacidade é uma ferramenta sólida que se presta para exercer o controle dos dados para cada espaço e relação singular do ambiente eletrônico.[393]

Nesse sentido, se a tecnologia pode ser invasiva à privacidade informacional, pode ser uma ferramenta para a proteção dos dados pessoais, como as propostas feitas pelas "Tecnologias que Aumentam a Privacidade" – *Privacy Enhancing Technologies* (PETs). Essas PETs funcionariam como tecnologias que reforçam e melhoram a privacidade. É a ideia de que a proteção de dados pessoais deve orientar a concepção de um produto ou de alguns serviços, devendo estes ser apresentados como tecnologias que facilitam o controle e a proteção das informações pessoais.[394]

De maneira exemplificativa, a criptografia assegura: a confidencialidade das comunicações; a anonimização dos dados pessoais que quebra ou, pelo menos, dificulta o vínculo de identificação entre um dado e o sujeito ao qual ele está atrelado; os mecanismos de navegação

---

[391] BIONI, Bruno Ricardo. *Proteção de dados pessoais*: a função e os limites do consentimento. 3. ed. Rio de Janeiro: Editora Forense, 2021.

[392] BIONI, Bruno Ricardo. *Proteção de dados pessoais*: a função e os limites do consentimento. 3. ed. Rio de Janeiro: Editora Forense, 2021.

[393] LIMA, Cíntia Rosa Pereira de; BIONI, Bruno Ricardo. A proteção dos dados pessoais na fase de coleta: apontamentos sobre a adjetivação do consentimento implementada pelo Artigo 7, incisos VIII e IX do marco civil da internet a partir da Human computer interaction e da Privacy by default. *In*: DE LUCCA, Newton; FILHO, Adalberto Simão; DE LIMA, Cíntia Rosa Pereira (Orgs.). *Direito e internet III*: marco civil da internet, lei n. 12.965/2014. São Paulo: Quartier Latin, 2015.

[394] MULLIGAN, Deirder K; KING, Jennifer, Bridging the Gap between Privacy na Design. *University of Pennsylvania Jorunal of Constutional Law*, v. 14, n. 4, p. 989-1034, 2012. Disponível em: https://ssrn.com/abstract=2070401. Acesso em: 21 jul. 2021.

anônima que impedem o rastreamento do usuário.[395] As PETs são apresentadas como uma possível solução para a equalização das mencionadas assimetrias do mercado informacional, uma vez que são ferramentas capazes de empoderar os usuários com um melhor controle sobre seus dados. Além disso, as PETs podem ser utilizadas para além da confidencialidade e do anonimato – como no caso da criptografia ou da anonimização mencionadas antes –, mas podem desempenhar um papel diferenciado e emancipador para que o usuário esteja devidamente municiado.[396]

Trata-se de um caminho promissor a ser percorrido para se operacionalizar a esfera de controle de dados pessoais, em especial, para que o consentimento do titular dos dados, o usuário das redes sociais, encontre formas de concretização que não apenas as improfícuas condições gerais de contratação. "Como um catálogo aberto, as PETs podem regenerar a atrofiada estratégia regulatória encampada por uma extensa adjetivação do consentimento que não encontra simetricamente meios de lhe dar vazão".[397]

Uma qualificação rígida do consentimento não é garantia de que tenha sido entregue, ao cidadão, o controle de seus dados pessoais de maneira concreta. O desenvolvimento dessa aptidão está necessariamente ligado ao fornecimento de mecanismos que possibilitem a sua concretude.[398]

Assim, especialmente na Europa, pensou-se em uma abordagem que discutisse de que forma as configurações dos navegadores seriam disponibilizadas aos usuários, se a configuração pelo não rastreamento deveria ser padrão e se deveria haver uma padronização dessa ferramenta entre navegadores e aplicações.[399] Ou seja, a discussão sedimenta-se na maneira pela qual a esfera de controle de dados pessoais deve ser operacionalizada.

---

[395] BIONI, Bruno Ricardo. *Proteção de dados pessoais*: a função e os limites do consentimento. 3. ed. Rio de Janeiro: Editora Forense, 2021.

[396] GÜRSES, Seda. PETs and their users: a critical review if the potentials and limitations of the privacy confidentiality paradigm. *Identity in the information Society*, v. 3, p. 539-563, 2010. Disponível em: https://dx.doi.org/10.1007/s12394-010-0073-8. Acesso em: 21 jul. 2021.

[397] BIONI, Bruno Ricardo. *Proteção de dados pessoais*: a função e os limites do consentimento. 3. ed. Rio de Janeiro: Editora Forense, 2021. p. 172.

[398] BIONI, Bruno Ricardo. *Proteção de dados pessoais*: a função e os limites do consentimento. 3. ed. Rio de Janeiro: Editora Forense, 2021.

[399] BORGESIUS, Frderick Zuiderveen. Segmentação comportamental: *Do Not Track* e o desenvolvimento jurídico europeu holandês. *Revista Politics*: publicação do Núcleo de Pesquisas e Estudo de Formação (BUPEF), n.p., 2013. Disponível em: https://www.politics.org.br/edicoes/segmenta%C3%A7%C3%A3o-comportamental-do-not-track-e-o-desenvolvimento-jur%C3%ADdico-europeu-e-holand%C3%AAs. Acesso em: 23 jul. 2021.

Uma das alternativas encontradas, que aqui será citada apenas como exemplo, sem a pretensão de que seja esgotada a discussão sobre sua existência e viabilidade, é o chamado "Não me Rastreie" – *Do not Track*. Trata-se de uma PET arquitetada para executar escolhas dos titulares dos dados pessoais no plano da coleta e surge dentro da perspectiva de se pensar em novas ferramentas que facilitem o controle de dados.

Em vez de rejeitar ou aceitar inúmeros *pop-ups* de *cookies*, bastaria o usuário acionar o botão "DNT" para que, de forma automática, a sua escolha em barrar, ou não, a coleta de seus dados fosse exteriorizada. Essa funcionalidade seria ativada pelo próprio navegador do usuário que sinalizaria a opção a todos os aplicadores acessados.[400] Assim, seria a forma pela qual o consentimento do titular dos dados pessoais seria exteriorizado e, em última análise, seria o veículo da autodeterminação informativa.[401,402]

A tecnologia consegue simplificar o controle de dados pessoais na fase da coleta, capacitando o cidadão para fazer valer sua escolha, ainda que sem todo o conhecimento técnico e sem que seja algo "penoso".[403] Por um lado, o usuário não precisaria ter maior conhecimento e poderia exercer maior proteção aos seus dados pessoais. Por outro, sua

---

[400] BORGESIUS, Frderick Zuiderveen. Segmentação comportamental: *Do Not Track* e o desenvolvimento jurídico europeu holandês. *Revista Politics*: publicação do Núcleo de Pesquisas e Estudo de Formação (BUPEF), n.p., 2013. Disponível em: https://www.politics.org.br/edicoes/segmenta%C3%A7%C3%A3o-comportamental-do-not-track-e-o-desenvolvimento-jur%C3%ADdico-europeu-e-holand%C3%AAs. Acesso em: 23 jul. 2021.

[401] BIONI, Bruno Ricardo. *Proteção de dados pessoais*: a função e os limites do consentimento. 3. ed. Rio de Janeiro: Editora Forense, 2021.

[402] Apesar de promissora, essa tecnologia esbarrou em um impasse em sua implementação, notadamente, por um cabo de forças travado entre diferentes atores que avocaram, para si, a padronização do DNT. De início, a *World Wide Web Consortium/W3C* foi o fórum primário de discussão do DNT. Em razão de o W3C ser a organização de padronização da web, chamaria naturalmente essa tarefa, uma vez que o DNT é implementado por um protocolo na web. Em um segundo momento, entidades da indústria de publicidade comportamental atribuíram, para si, tal tarefa, já que, por serem órgãos representativos do setor empresarial, seriam capazes de garantir que tal protocolo fosse observado pelas corporações. Em meio a esse cabo de forças, o movimento do DNT enfraqueceu-se. Não havia consenso de quem implementaria, nem mesmo sobre sua própria concepção. (…) Em meio a essa queda de braço, os consumidores continuam amargando a ausência dessa PET. Na medida em que não houve consenso de como essa ferramenta seria implementada e padronizada, ela acabou por não ser executável (BIONI, Bruno Ricardo. *Proteção de dados pessoais*: a função e os limites do consentimento. 3. ed. Rio de Janeiro: Editora Forense, 2021. p. 175-176).

[403] MCDONALD, Aleecia M.; CRANOR, Lorrie Faith. The cost of reading privacy policies. *I/S: a jornal of law and policy for the information society*, v. 4, p. 543, 2008. Disponível em: https://lorrie.cranor.org/pubs/readingPolicyCost-authorDraft.pdf. Acesso em: 17 jul. 2021.

experiência de navegação não seria prejudicada, já que a tecnologia universaliza a opção em não ter seus dados coletados por toda a *web*.[404]

Como se vê, o usuário é dependente de uma intervenção regulatória que não somente prescreva o seu direito à autodeterminação informativa, mas que, acima de tudo, interfira para a sua operacionalização.[405] De nada adianta preceituar uma série de qualificadores para o consentimento se não há um movimento de regulação para efetivar esse direito.[406]

Quando se está tratando da fase da coleta de dados, deve haver mecanismos que garantam, ao usuário, o controle efetivo de seus dados pessoais. Caso contrário, tem-se um direito que não encontra correlação na realidade social.[407] Para além do contrato de dados pessoais no plano da coleta, a tecnologia pode ser também uma nova forma de gerenciamento com relação ao uso e ao compartilhamento das informações pessoais. Não raramente, há o interesse em receber conteúdo e publicidade direcionada, o que demanda, necessariamente, a coleta e o tratamento dos dados pessoais, razão pela qual uma autodeterminação informacional genuína deve ir além da fase de capturas dos dados.[408]

Nesse contexto, a "Plataforma para Preferência de Privacidades" – *Plataform for Privacy preferences* (P3P) – poderia ser esse mesmo mecanismo capacitador. A ideia é que o usuário pudesse configurar as suas variadas preferências de privacidade por intermédio de seu navegador, incluindo, por exemplo, quais os tipos de dados pessoais poderiam ser coletados e, até mesmo, se ele assentiria o seu compartilhamento com terceiros. O próprio navegador procederia a uma análise automatizada das políticas de privacidade e aplicações acessadas, verificando a sua compatibilidade com as preferências de privacidade pré-configuradas.[409]

---

[404] MAYER, Jonathan; NARAYANAN, Arvind. Do not track: universal web tracking opt-out. *IAB Internet Privacy Worshop Position Paper*, p. 1-2, 2010. Disponível em: https://www.iab.org/wp-content/IAB-uploads/2011/03/jonathan_mayer.pdf. Acesso em: 17 jul. 2021.

[405] BIONI, Bruno Ricardo. *Proteção de dados pessoais*: a função e os limites do consentimento. 3. ed. Rio de Janeiro: Editora Forense, 2021.

[406] LIMA, Cíntia Rosa Pereira de; BIONI, Bruno Ricardo. A proteção dos dados pessoais na fase de coleta: apontamentos sobre a adjetivação do consentimento implementada pelo Artigo 7, incisos VIII e IX do marco civil da internet a partir da Human computer interaction e da Privacy by default. *In*: DE LUCCA, Newton; FILHO, Adalberto Simão; DE LIMA, Cíntia Rosa Pereira (Orgs.). *Direito e internet III*: marco civil da internet, lei n. 12.965/2014. São Paulo: Quartier Latin, 2015.

[407] BIONI, Bruno Ricardo. *Proteção de dados pessoais*: a função e os limites do consentimento. 3. ed. Rio de Janeiro: Editora Forense, 2021.

[408] BIONI, Bruno Ricardo. *Proteção de dados pessoais*: a função e os limites do consentimento. 3. ed. Rio de Janeiro: Editora Forense, 2021.

[409] Acontece que, para o sucesso de tal ferramenta, além de os navegadores adotarem a funcionalidade da P3P, tornar-se-ia necessário que todas as aplicações padronizassem as suas

A P3P teria o potencial de tornar o fluxo informacional massificado para ambos os lados da relação de consumo do mercado informacional, já que tal tecnologia permitiria, aos usuários, universalizar suas preferências de privacidade e controlar seus dados pessoais sem que fosse necessária a leitura singular e impraticável de cada política de privacidade.[410] Mais do que isso, a iniciativa do P3P poderia afastar a lógica do "tudo ou nada" das políticas de privacidade, na medida em que o "concordo e discordo" poderia ser substituído pela análise granular das autorizações especificadas nas preferências de privacidade.[411]

Nesse mesmo sentido, seria superada a idiossincrasia da economia de dados. Na medida em que os seus titulares delimitaram a sua esfera de controle antes do acesso ao bem de consumo, o processo de tomada de decisão não seria dificultado pelas limitações cognitivas da teoria da decisão de utilidade subjetiva: a valoração entre uma perda mediata; o controle de dados; o benefício imediato; o bem de consumo. "Enfim, a P3P poderia representar um novo veículo para autodeterminação informacional em substituição à sua falaciosa faceta contratualizada, ora escorada nas políticas de privacidade".[412]

Ao se falar em PETs, todavia, necessariamente, surge o questionamento quanto ao fundamento jurídico que lhe daria vazão junto às relações jurídicas da economia de dados. Torna-se imprescindível investigar qual o substrato legal no ordenamento jurídico. Deve-se enquadrar as PETs no seio da relação jurídica obrigacional travada entre o titular dos dados e quem realiza o processamento.[413]

Não se trata, aqui, do conceito tradicional de obrigação, ou seja, uma relação estática do direito obrigacional que se orienta por uma

---

políticas de privacidade em um mesmo formato legível, para ser executado um protocolo semântico e de sintaxe que automatizaria a leitura dos termos de uso. Tal como a experiência do DNT, a P3P esbarrou no mesmo problema de não ser executável. A ausência de uma ação regulatória que a tornasse cogente para os navegadores e as aplicações de Internet foi determinante para o seu insucesso. Assim, mais uma vez, o consumidor restou vulnerável nesse impasse regulatório, relegando-se uma promissora ferramenta que poderia executar eficientemente a sua autodeterminação informacional (BIONI, Bruno Ricardo. *Proteção de dados pessoais*: a função e os limites do consentimento. 3. ed. Rio de Janeiro: Editora Forense, 2021. p. 177).

[410] LESSING, Lawrence. *Code and Other laws of cyberspace*. New York: Basic Books, 2006.

[411] BIONI, Bruno Ricardo. *Proteção de dados pessoais*: a função e os limites do consentimento. 3. ed. Rio de Janeiro: Editora Forense, 2021.

[412] BIONI, Bruno Ricardo. *Proteção de dados pessoais*: a função e os limites do consentimento. 3. ed. Rio de Janeiro: Editora Forense, 2021. p. 179.

[413] BIONI, Bruno Ricardo. *Proteção de dados pessoais*: a função e os limites do consentimento. 3. ed. Rio de Janeiro: Editora Forense, 2021.

análise em que cabe, ao credor, receber o pagamento e, ao devedor, prestá-lo.[414] Isso seria o que acontece nas práticas realizadas por meio das condições gerais de contratação das redes sociais, como as analisadas neste trabalho, em que o titular dos dados pessoais (na condição de consumidor/devedor) paga, com seus dados pessoais, pelo bem de consumo, ao seu fornecedor.

A forma que parece mais adequada de analisar essa relação obrigacional é a partir da estrutura denominada dinâmica, em que as partes cooperam para a consecução de interesses contrapostos.[415] Como exemplo disso, pode-se acomodar a tensão entre quem quer explorar os dados pessoais e quem quer exercer um controle sobre tal manipulação. Trata-se de atribuir uma visão solidarista do direito das obrigações, que encontra sua gênese no princípio da boa-fé.

> (...) pode-se concluir que o conceito clássico de relação obrigacional se revelou inadequado e insuficiente para tutelar todas as vicissitudes inerentes à visão solidarista da relação obrigacional, que não mais se limita ao resultado da soma de débito e crédito, devendo abandonar tal posição estática para que o vínculo obrigacional seja visto como um processo de cooperação voltado para determinado fim.[416]

Por meio dessa evolução dogmática, é que surgem os deveres acessórios, secundários, que redimensionam o vínculo obrigacional, superando a visão estática do direito obrigacional e incutindo, no credor e devedor, uma ligação de cumplicidade.[417] Deve haver uma coordenação recíproca entre os sujeitos do vínculo obrigacional em razão dessa concomitância de direitos e deveres que devem ser canalizados para um fim comum.

É inerente dessa visão solidarista a perspectiva de não se causar danos a outrem,[418] o que, no contexto de uma sociedade de economia de dados, está também ligado ao controle de dados. A ideia de obrigação

---

[414] MENEZES CORDEIRO, Antônio Manuel da Rocha e. *Da boa fé no direito civil*. Coimbra: Almeida, 2011.
[415] MARTINS-COSTA, Judith. *A boa fé no direito privado*: sistema e tópico no processo obrigacional. São Paulo: Revista dos Tribunais, 1999.
[416] EHRHARDT JÚNIOR, Marcos. Relação Obrigacional como processo na construção do paradigma dos deveres de conduta e suas consequências. *Revista da Faculdade de Direito da Universidade Federal do Paraná*, v. 56, 2012. Disponível em: http://dx.doi.org/10.5380/rfdufpr.v56i0.33494. Acesso em: 23 jul. 2021.
[417] RIPERT, Georges. *A regra moral nas obrigações civis*. Campinas: Bookseller, 2009.
[418] SILVA, Clóvis do Couto e. *A obrigação como processo*. Rio de Janeiro: FGV, 2006.

como processo deve ter, como fim, não só o aperfeiçoamento da sua operação econômica, mas a própria autodeterminação informacional.[419]

Portanto, o cenário que se desenha é de uma demanda regulatória para tornar tecnologias como as PETs cogentes ou, pelo menos, estimulá-las para que possam tornar-se executáveis. Além dessa demanda regulatória, há ainda que se fazer uma análise crítica da implementação dessas PETs, a fim de que observem certas balizas que proporcionem que o saldo final seja aquele programado pelo discurso normativo da proteção dos dados pessoais, da autodeterminação informacional.[420]

A juridicidade desse discurso encontra lugar no direito (e dever) de informação que, associado à relação obrigacional (em sua concepção como processo), deve dirigir a implementação das PETs. Em paralelo, deve-se canalizar esforços para que as PETs sejam um instrumento de real melhoria da privacidade. Em termos de proteção dos dados pessoais, isso significa que o resultado deve ser o de despertar, no cidadão, a capacidade genuína de gerenciamento de suas informações pessoais. Somente, assim, o usuário vulnerável poderá proteger-se do (des)controle de seus dados pessoais.[421]

As PETs podem ser um aparato para o controle genuíno dos dados pessoais, pondo, de lado, a artificialidade de toda a adjetivação do consentimento. Os usuários poderão manipular seus dados pessoais em vez de ter as suas preferências de privacidade informacional manipuladas.[422] Apenas dessa forma se superará parte do drama da proteção e dados pessoais, que é a falta de correspondência entre o direito à autodeterminação informacional como previsto e a arquitetura que lhe dá vazão.

Trata-se, ao fim e ao cabo, de promover o encontro da previsão normativa da privacidade e do controle dos dados pessoais com a realidade, buscando novas formas para o consentimento do titular de dados pessoais, garantindo-lhe capacidade de controlá-los de forma autônoma.[423]

---

[419] BIONI, Bruno Ricardo. *Proteção de dados pessoais*: a função e os limites do consentimento. 3. ed. Rio de Janeiro: Editora Forense, 2021.

[420] BIONI, Bruno Ricardo. *Proteção de dados pessoais*: a função e os limites do consentimento. 3. ed. Rio de Janeiro: Editora Forense, 2021.

[421] BIONI, Bruno Ricardo. *Proteção de dados pessoais*: a função e os limites do consentimento. 3. ed. Rio de Janeiro: Editora Forense, 2021.

[422] BIONI, Bruno Ricardo. *Proteção de dados pessoais*: a função e os limites do consentimento. 3. ed. Rio de Janeiro: Editora Forense, 2021.

[423] BIONI, Bruno Ricardo. *Proteção de dados pessoais*: a função e os limites do consentimento. 3. ed. Rio de Janeiro: Editora Forense, 2021.

# CONCLUSÃO

O presente trabalho teve por escopo investigar as condições gerais de contratação das redes sociais Facebook e Youtube e a conduta dos usuários/consumidores dessas redes sob a ótica do direito do consumidor e, em especial, em confronto com a Lei Geral de Proteção de Dados Pessoais, Lei nº 13.709/2018.

Mediante pesquisa bibliográfica e empírica, a partir da análise de textos acadêmicos e da legislação, do questionário realizado com usuários de ambas as redes sociais estudadas e do esquadrinhamento das condições gerais de contratação, verificou-se que, mesmo possuindo um grande arcabouço regulatório, muito ligado ao consentimento, ainda existe a necessidade de se pensar em alternativas para concretizar a proteção estampada na legislação – o que também mostrou-se extremamente necessário.

O texto constitucional coloca a dignidade da pessoa humana como fundamento da República, o que significa colocar a pessoa como centro das preocupações do ordenamento jurídico, de modo que todo o sistema fora direcionado a sua proteção. Nesse contexto, a Constituição, de 1988, rompe com um modelo anterior e traz significativas inovações, como a inclusão do direito do consumidor no rol de direitos e garantias fundamentais.

Trata-se de uma nova interpretação do direito privado com fulcro no princípio da dignidade da pessoa humana. Considerando a evolução do direito constitucional e do direito do consumidor e observando o fato dos consumidores serem a parte vulnerável no mercado de consumo, o tema passa a ser abordado tendo em vista as necessidades dos consumidores e o respeito à sua dignidade, saúde, segurança, interesses econômicos, bem como a melhoria da sua qualidade de vida.

Esse fenômeno, tratado como a constitucionalização do direito privado, portanto, é mais do que um critério hermenêutico formal – quando é entendido como inserção constitucional dos fundamentos jurídicos das relações civis. O conteúdo conceitual, a natureza, as finalidades, os institutos básicos do direito civil – família, propriedade e contrato – não são mais os mesmos do individualismo jurídico e da ideologia liberal. O indivíduo proprietário sai de cena para revelar a dignidade da pessoa humana. Assim, os princípios e as regras constitucionais devem direcionar a realização do Direito em seus variados planos.

Em paralelo, observou-se, também, que o avanço da tecnologia trouxe implicações no comportamento das pessoas no meio social e, em consequência, às questões afeitas à privacidade. Compras pela Internet, conversas por aplicativos de mensagens e *chats*, encontros e desencontros por meio de redes sociais são alguns dos pontos responsáveis por essa mudança comportamental. As redes sociais *online*, em especial, assumiram um papel relevante no interesse das pessoas pela vida alheia.

Verificou-se, assim, a defasagem entre a carga semântica do conceito de privacidade e o que ela efetivamente significa. Tal defasagem, inclusive, serve de ponto de partida à análise da transformação do conceito de privacidade. A noção tradicional de privacidade restrita à intimidade e ao direito de ser deixado só não é mais compatível com a complexidade dos desafios inerentes à economia movida a dados e à vigilância. Não é possível imaginar, por exemplo, que o problema da circulação de informações pessoais possa ser solucionado somente a partir das noções correntes de privacidade.

A internet, em especial as redes sociais, revela se uma pessoa viajou ou não, quais os países que conheceu (assim como o período de sua estada), quais são seus hábitos de consumo, quais suas preferências culinárias, quais os serviços dos quais faz uso, quais músicas e filmes são seus preferidos e assim por diante. No ambiente competitivo em que se vive, em que os dados são objetos comerciais extremamente valiosos que alcançaram o status de mercadoria, todos os agentes econômicos passaram a agir dessa maneira, aumentando o volume de dados que passaram a disponibilizar na rede. O indivíduo passou a depender do mundo virtual em face da disponibilidade e do acesso remoto dos dados, ou seja, sem a necessidade da presença física do agente.

Como se vê, em vários aspectos, a questão transcende às noções tradicionais de informação (dado) e privacidade e exige sua compreensão em conexão com outros direitos e garantias fundamentais. Do ponto de vista da proteção de dados, a privacidade volta-se às informações inerentes à pessoa enquanto membro de uma sociedade, podendo apresentar-se de variadas formas como, por exemplo, informações genéticas, sexualidades, crenças religiosas, perfil de consumo e de busca na internet, dados bancários, senhas de aplicativos etc.

Nas redes sociais *online*, tal situação revelou-se ainda mais preocupante. Isso porque a economia de dados não se baseia apenas nas informações que o usuário das redes sociais torna públicas, no que posta, mas, sim, em todas as informações e os dados (sensíveis ou não) cuja captação é possível a partir de aparelhos eletrônicos e do simples login.

Nas redes sociais Facebook e Youtube, como condição para o acesso, ou seja, para criar uma conta, há que se declarar a leitura e concordância com as condições gerais de contratação. Essa "aceitação" ou "concordância" com as condições gerais de contratação trata de cumprir, de maneira formal, a exigência quanto ao consentimento, elemento central quando se pensa em autodeterminação informacional e proteção de dados pessoais.

A relação jurídica criada pela LGPD permite, ao titular, frente ao controlador do tratamento dos dados, controlar as requisições de confirmação da existência de tratamento; acesso aos dados; correção de dados incompletos, inexatos ou desatualizados; anonimização, bloqueio ou eliminação de dados desnecessários, excessivos ou tratados em desconformidade à LGPD; portabilidade dos dados; informação sobre o compartilhamento de dados; informação sobre a possibilidade de não fornecer consentimento e sobre as consequências da negativa; e a revogação do consentimento.

Os direitos do titular estabelecidos pela LGPD referem-se, diretamente, ao controle desse sobre seus dados. O consentimento não é (e nem deve ser) o único vetor de proteção de dados pessoais. O elemento volitivo do consentimento atingiu um *status* em que sua adjetivação, tido como informado, livre, expresso, específico ou inequívoco, trata-se de uma ilusão.

O consentimento do usuário do Youtube, feita mediante a aceitação das condições gerais de contratação da empresa controladora (Google), não atende, minimamente, a busca pela autodeterminação informacional e proteção do consumidor. O documento apresentado pelo Google, nesse sentido, informa que se destina a ajudar o usuário a entender quais as informações são coletadas, o motivo da coleta e como o usuário pode atualizar, gerenciar, exportar e excluir essas informações. O contrato utiliza uma linguagem que parece demonstrar a possibilidade de negociação dos termos e das condições, mas a leitura mais atenta revela que se trata de um contrato de adesão em que o usuário deve concordar com os termos ali constantes para que, então, possa utilizar o serviço.

A análise dos termos e das condições apresentados pelo Facebook revela que, assim como no caso do Google, o Facebook não respeita, minimamente, a privacidade de seus usuários e suas obrigações quanto à coleta de um consentimento válido.

Em todos os contextos, as entidades envolvidas no gerenciamento, na captação e no tratamento de dados utilizam-se de ferramentas como políticas de privacidade, termos de serviços e condições gerais de contratação para fornecer aos usuários materiais de consentimento. Essas ferramentas aparecem em sites e aplicativos, geralmente, quando o usuário conecta-se pela primeira vez e (pelos menos, deveriam) quando tais políticas mudam.

Os resultados encontrados nesta pesquisa apoiam afirmações anteriores de que os usuários estão habituados a aceitar solicitações de consentimento apenas para garantir o acesso à determinada rede social, sem, de fato, consentir com o que está assinalando.

As condições de contratação analisadas neste trabalho não se mostraram ferramentas adequadas para garantir, ao consumidor, o controle de seus dados pessoais. Essa ferramenta contratual tem sido utilizada para o esvaziamento do controle do usuário de seus dados pessoais.

Há, portanto, que se buscar outras formas de concretizar a prometida esfera do controle sobre os dados pessoais, novas ferramentas que sejam tão líquidas e fluidas quanto é o fluxo dos dados pessoais no ambiente *online*. Isso porque a técnica contratual *offline* das políticas de privacidade é uma ferramenta que não se presta a garantir, ao usuário, um controle de dados para cada espaço e relação singular do ambiente eletrônico.

Foi possível concluir que o consentimento não possui a capacidade de garantir, ao usuário, o melhor controle de seus dados. Não há, verdadeiramente, autonomia para o usuário autodeterminar o fluxo informacional de seus dados pessoais apenas com base no consentimento, ainda que estejam presentes todos os adjetivos (inequívoco, expresso, informado, específico ou livre)[424] que a lei e doutrina indicam como necessários para sua implementação de forma plena.

A dinâmica do mercado informacional expõe o usuário às vulnerabilidades que ocorrem de maneira que nem mesmo a proteção contratual do consumidor, por exemplo, é capaz de proporcionar a proteção necessária ao usuário e aos seus dados pessoais. A proteção do consumidor, no âmbito das políticas de privacidade, não pode ser vista como o mecanismo ideal para a proteção de dados pessoais. Deve, sim, ser entendida como uma solução paliativa para o caso de a solução regulatória primária falhar.

---

[424] BIONI, Bruno Ricardo. *Proteção de dados pessoais*: a função e os limites do consentimento. 3. ed. Rio de Janeiro: Editora Forense, 2021. p. 166.

Percebeu-se, então, que, se a tecnologia pode ser invasiva à privacidade informacional, ela pode ser uma ferramenta para a proteção dos dados pessoais, como as propostas pela *Privacy Enhancing Technologies* (PETs).

A mera qualificação do consentimento, ainda que rígida, não é garantia de que tenha sido entregue, ao cidadão, o controle de seus dados pessoais de maneira concreta. O desenvolvimento dessa aptidão está, necessariamente, ligado ao fornecimento de mecanismos que possibilitem a sua concretude. Somente dessa forma se superará parte do drama da proteção de dados pessoais, que é a falta de correspondência entre o direito à autodeterminação informacional como previsto e a realidade que se apresenta. Trata-se de promover o encontro da previsão normativa da privacidade e do controle dos dados pessoais com a realidade, buscando novas formas para o consentimento do titular de dados pessoais e garantindo-lhe, em última análise, a sua capacidade de controlá-los de forma autônoma.

# REFERÊNCIAS

ACQUISITI, Alessandro. Nudging privacy: behavioral economics of personal information. *IEEE Security & Privacy*, v. 7, n. 6, p. 82-85, 2009. Disponível em: https://doi.org/10.1109/MSP.2009.163 Acesso em: 23 jul. 2021.

AGENCIA ESPAÑOLA DE PROTECCIÓN DE DATOS/INSTITUTO NACIONAL DE TECNOLOGÍAS DE LA COMUNICACIÓN. *Estudio sobre la privacidade de los datos personales y la seguridade de la información em las redes sociales*. MADRID, 2009. Disponível em: https://www.uv.es/limprot/boletin9/inteco.pdf. Acesso em: 30 abr. 2020.

AGOSTINI, Leonardo Cesar de. *A intimidade e a vida privada como expressões da liberdade humana*. Porto Alegre: Núria Fabris, 2011.

ALMEIDA, Carlos Ferreira de. *Os direitos do consumidor*. Coimbra: Almedina, 1982.

ANON ROIG, Maríajosé. *Necesidades y derechos* – Un ensayo de fundamentacion. Madrid: Centro de Estudios Constucionales, 1994.

AZAMBUJA, Celso Candido de. *Psiquismo digital*: sociedade, cultura e subjetividade na era da comunicação digital. Nova Petrópolis: Nova Harmonia, 2012.

AZEVEDO, Antônio Junqueira d. O direito pós-moderno e a codificação. *In*: MARQUES, Cláudia Lima; MIRAGEM, Bruno (Org.). *Direito do consumidor* – fundamentos do direito do consumidor. São Paulo: Revista dos Tribunais, 2011. (Coleção doutrinas essenciais).

AZEVEDO, Antonio Junqueira de. O direito pós moderno. *Revista USP*, São Paulo, n. 42, p. 96-101, jun./ago. 1999.

BARRETO, Ricardo de Macedo Menna. *Redes sociais na internet e direito*: a proteção do consumidor no comércio eletrônico. Curitiba: Juruá, 2012.

BARROS, Augusto Paes de. *Trilhas em segurança da informação*: caminhos e ideias para a proteção de dados. Rio de Janeiro: Brasport, 2015.

BAUMAN, Zygmunt. *Vida para consumo*: A transformação das pessoas em mercadoria. Rio de Janeiro: Jorge Zahar Ed., 2008.

BIONI, Bruno Ricardo. *Proteção de dados pessoais*: a função e os limites do consentimento. 3. ed. Rio de Janeiro: Editora Forense, 2021.

BIONI, Bruno Ricardo; LUCIANO, Maria. O consentimento como processo: em busca do consentimento válido. *In*: DONEDA, Daniel *et al.* (Orgs.). *Tratado de proteção de dados pessoais*. Rio de Janeiro: Editora Forense, 2021.

BLUM, Rita Peixoto Ferreira. *O direito à privacidade e a proteção de dados do consumidor*. São Paulo: Almedina, 2018.

BLUME, Peter. The inherent contradictions in data protection law. *International data Privacy Law*, v. 2, n. 1, p. 26-34, 2012. Disponível em: https://doi.org/10.1093/idpl/ipr020. Acesso em: 23 jul. 2021.

BONAVIDES, Paulo. *Do Estado liberal ao Estado Social*. São Paulo: Malheiros, 2004.

BORGESIUS, Frderick Zuiderveen. Segmentação comportamental: *Do Not Track* e o desenvolvimento jurídico europeu holandês. *Revista Politics*: publicação do Núcleo de Pesquisas e Estudo de Formação (BUPEF), n.p., 2013. Disponível em: https://www.politics.org.br/edicoes/segmenta%C3%A7%C3%A3o-comportamental-do-not-track-e-o-desenvolvimento-jur%C3%ADdico-europeu-e-holand%C3%AAs. Acesso em: 23 jul. 2021.

BOYD, Danah. How can qualitative Internet Researchers define the boundaries of their project? A response to Christine Hine. *In*: MARKHAM, Annette N.; BAYM, Nancy (Orgs.). *Internet inquiry* – Conversations about method. Los Angeles: Sage, 2009. p. 26-32.

BOYD, Danah; ELLISON, Nicole. Social network sites: Definition, History, and Scholarship. *Journal os Computer-Mediated Communication*, p. 210-230, 2008. Disponível em: acadmic.oup.com/jcmc/article-abstract/13/1/2010/4583062. Acesso em: 24 abr. 2020.

BRANDEIS, Louis Dembitz; WARREN, Samuel Dennis. The right to privacy. *Harvard Law review*, v. IV, n. 05, dez. 1890. Disponível em: http://groups.csail.mit.edu/mac/classes/6.805/articles/privacy/Privacy_brand_warr2.html. Acesso em: 06 abr. 2020.

BRASIL. *Constituição da República Federativa do Brasil de 1988*. Disponível em: http://www.planalto.gov.br/ccivil_03/constituicao/constituicao.htm. Acesso em: 23 jul. 2021.

BRASIL. *Lei nº 8.078, de 11 de Setembro de 1990*. Dispõe sobre a proteção do consumidor e dá outras providências. Casa Civil, DF, 11 set. 1990. Disponível em: http://www.planalto.gov.br/ccivil_03/leis/l8078compilado.htm. Acesso em: 23 jul. 2021.

BRASIL. *Lei nº 8.159, de 8 de janeiro de 1991*. Dispõe sobre a política nacional de arquivos públicos e privados e dá outras providências. Casa Civil, DF, 08 jan. 1991. Disponível em: http://www.planalto.gov.br/ccivil_03/leis/l8159.htm. Acesso em: 23 jul. 2021.

BRASIL. *Lei nº 12.414, de 9 de junho de 2011*. Disciplina a formação e consulta a bancos de dados com informações de adimplemento, de pessoas naturais ou de pessoas jurídicas, para formação de histórico de crédito. Casa Civil, DF, 09 jun. 2011. Disponível em: http://www.planalto.gov.br/ccivil_03/_ato2011-2014/2011/lei/l12414.htm. Acesso em: 23 jul. 2021.

BRASIL. *Lei nº 12.527, de 18 de novembro de 2011*. Regula o acesso a informações previsto no inciso XXXIII do art. 5º , no inciso II do § 3º do art. 37 e no § 2º do art. 216 da Constituição Federal; altera a Lei nº 8.112, de 11 de dezembro de 1990; revoga a Lei nº 11.111, de 5 de maio de 2005, e dispositivos da Lei nº 8.159, de 8 de janeiro de 1991; e dá outras providências. Casa Civil, DF, 18 nov. 2011. Disponível em: http://www.planalto.gov.br/ccivil_03/_ato2011-2014/2011/lei/l12527.htm. Acesso em: 23 jul. 2021.

BRASIL. *Lei nº 12.965, de 23 de abril de 2014*. Marco Civil da Internet. Estabelece princípios, garantias, direitos e deveres para o uso da Internet no Brasil. Secretaria-Geral, DF, 23 abr. 2014. Disponível em: http://www.planalto.gov.br/ccivil_03/_ato2011-2014/2014/lei/l12965.htm. Acesso em: 23 jul. 2021.

BRASIL. *Lei nº 13.709, de 14 de Agosto de 2018*. Lei Geral de Proteção de Dados Pessoais (LGPD). Secretaria-Geral, DF, 14 ago. 2018. Disponível em: http://www.planalto.gov.br/ccivil_03/_ato2015-2018/2018/lei/l13709.htm. Acesso em: 23 jul. 2021.

BRASIL. *Medida Provisória nº 954, de 17 de abril de 2020*. Disponível em: http://www.planalto.gov.br/ccivil_03/_ato2019-2022/2020/mpv/mpv954.htm. Acesso em: 23 jul. 2021.

BRASIL. Senado Federal. *PEC nº 17/2019*. Disponível em: https://www.camara.leg.br/proposicoesWeb/fichadetramitacao?idProposicao=2210757. Acesso em: 23 jul. 2021.

BRASIL. Superior Tribunal de Justiça. *Recurso Especial nº 1457199 RS 2014/0126130-2*. Relator: Ministro Paulo De Tarso Sanseverino, Data de Julgamento: 12.11.2014, S2 – SEGUNDA SEÇÃO, Data de Publicação: DJe 17.12.2014. Disponível em: https://stj.jusbrasil.com.br/jurisprudencia/158643665/recurso-especial-resp-1457199-rs-2014-0126130-2/relatorio-e-voto-158643668. Acesso em: 23 jul. 2021.

BRASIL. Superior Tribunal de Justiça. *Recurso Especial nº 1660168 RJ 2014/0291777-1*. Relator: Ministra Nancy Andrighi, Data de Julgamento: 08.05.2018, T3 – TERCEIRA TURMA, Data de Publicação: DJe 05.06.2018. Disponível em: https://stj.jusbrasil.com.br/jurisprudencia/595923405/recurso-especial-resp-1660168-rj-2014-0291777-1/inteiro-teor-595923409. Acesso em: 21 jul. 2021.

BRASIL. Superior Tribunal de Justiça. *Recurso Especial nº 306.570*. Relatoria: Ministra Eliana Calmon. Brasília-DF, Data de Julgamento: 18.10.2001.

BRASIL. Superior Tribunal de Justiça. *Recurso Especial nº 1.168.547, 2007*. Relator: Ministro Luis Felipe Salomão. Brasília, 2010. Disponível em: https://sociedip.files.wordpress.com/2013/12/15-copy.pdf. Acesso em: 23 jul. 2021.

BRASIL. Superior Tribunal de Justiça. *Recurso Extraordinário nº 418-416-8/SC, 04.04.2006*. Relator: Menezes Direito, Data de Julgamento: 19.11.2017, Tribunal Pleno, Data de Publicação: DJe-162, Data de Divulgação: 13.12.2007, Data de Publicação: 14.12.2007. Disponível em: https://stf.jusbrasil.com.br/jurisprudencia/754900/embdeclno-recurso-extraordinario-re-ed-418416-sc. Acesso em: 22 jul. 2021.

BRASIL. Superior Tribunal Federal. *Recurso Especial nº 1.348.532 2012/0210805-4*. Relator: Ministro Luis Felipe Salomão, Data de Julgamento: 10.10.2017, T4 – QUARTA TURMA, Data de Publicação: DJe 30.11.2017. Disponível em: https://stj.jusbrasil.com.br/jurisprudencia/526809457/recurso-especial-resp-1348532-sp-2012-0210805-4/inteiro-teor-526809464. Acesso em: 23 jul. 2021.

BRASIL. Supremo Tribunal Federal. *Recurso Especial nº 1407271 SP 2013/0239884-1*. Relator: Ministra Nancy Andrighi. Data de julgamento: 21.11.2013. T3 – Terceira Turma. Data de Publicação: DJe 29.11.2013. Disponível em: https://stj.jusbrasil.com.br/jurisprudencia/24726530/recurso-especial-resp-1407271-sp-2013-0239884-1-stj/certidao-de-julgamento-24726533. Acesso em: 21 jul. 2021.

BRASIL. Supremo Tribunal Federal. *Referendo na Medida Cautelar na Ação Direta de Inconstitucionalidade 6.387 Distrito Federal*. Relator: Ministra Rosa Weber. Data do julgamento: 07.05.2020. Data de Publicação: 07.05.2020. Disponível em: https://redir.stf.jus.br/paginadorpub/paginador.jsp?docTP=TP&docID=754357629. Acesso em: 25 jul. 2021.

BURKERT, Herbert. Privacy-Data Protection – A German/European Perspective. *In*: ENGEL, Cristoph (Org.). *Governance of Global Networks in the Light of Differing Local Values*. Baden-Baden: Nomos, 2000.

CALAIS-ALOUY, Jean; STEINMETZ, Frank. *Droit de la consommation*. Paris: Dalloz, 1996.

CANCELIER, Mikhail Vieira de Lorenzi. O direito à privacidade hoje: perspectiva histórica e o cenário brasileiro. *Revista Sequência*, Florianópolis, n. 76, p. 213-239, 2017.

CANOTILHO, José Joaquim Gomes. *Direito Constitucional e Teoria da Constituição*. 7. ed. Coimbra: Almedina, 2018.

CARVALHO, Ana Paula Gambogi V. O consumidor e o direito à autodeterminação informacional: considerações sobre os bancos de dados eletrônicos. *Revista de Direito do Consumidor*, n. 46, p. 77-119, abr./jun., 2003. Disponível em: https://www.lexml.gov.br/urn/urn:lex:br:rede.virtual.bibliotecas:artigo.revista:2003;1000665881. Acesso em: 21 jul. 2021.

CARVALHO, Ana Paula Gambogi. O consumidor e o direito à autodeterminação informacional. *Revista de Direito do Consumidor*, n. 46, p.77, 2003.

CATALAN, Marcos Jorge. Um sucinto inventário de 25 anos de vigência do Código de Defesa do Consumidor no Brasil. *Revista de Direito do Consumidor*, v. 103, p. 23-53, jan./fev. 2016.

CATALAN, Marcos Jorge. Uma ligeira Reflexão acerca da hipervulnerabilidade dos consumidores no Brasil. *In*: DANUZZO, Ricardo Sebastián (Org.). *Derecho de Daños y contratos*: desafíos frente a las problemáticas del siglo XXI. 1. ed. Resistencia: Contexto, 2019.

CHAVES, João Guilherme Pereira. O dever de informar na Lei Geral de Proteção de Dados: importância e limites. *In*: TOMASEVICIUS FILHO, Eduardo *et al.* (Orgs.). *Inteligência artificial, proteção de dados e cidadania*. Cruz Alta: Ilustração, 2020. V. 2, p. 279-281.

CHO, Dan. Email study corroborates six degrees of separation. *Scientific American*. ago. 2003. Disponível em: https://www.scientificamerican.com/article/e-mail-study-corroborates/. Acesso em: 20 abr. 2020.

CLARKE, Roger. *Introduction to Dataveillance and Information Privacy, and Definitions of Terms*. Xamax Consultancy, 1997.

COMPARATO, Fábio Konder. *A proteção do consumidor*. Importante capítulo do direito econômico. Direito do consumidor, v. 1. Tradução. São Paulo: Ed. Revista dos Tribunais, 2011.

CONSALTER, Zilda Mara. ROCHA, Isadora de Souza. A privacidade e o panóptico digital: as práticas consumeristas e a superexposição como vetores da relativização desse direito individual. *REDES – Revista Eletrônica Direito e Sociedade*, Canoas, v. 7, n. 3, p. 167-195, 2019.

CORRÊA, Adriana Espíndola; GEDIEL, José Antônio Peres. Proteção Jurídica de Dados Pessoais: a intimidade sitiada entre o Estado e o Mercado. *Revista da Faculdade de Direito da UFPR*, Curitiba, n. 47. p. 142, 2008.

COUTO E SILVA, Clovis do. *A obrigação como processo*. São Paulo: J. Bushatsky, 1976.

CUEVA, Ricardo Villas Bôas. A proteção de dados pessoais na jurisprudência do Superior Tribunal de Justiça. *In*: FRAZÃO, Ana; TEPEDINO, Gustavo; OLIVA, Milena Donato (Orgs.). *Lei Geral de Proteção de Dados Pessoais e suas repercussões no direito brasileiro*. São Paulo: Thomson Reuters Brasil, 2019.

CUSUMANO, Michael A.; GOELDI, Andreas. New Businesses and new business models. *In*: DUTTON, Willian H. (Org.). *The Oxford handbook of internet studies*. United Kingdon: Oxford University Press, 2012.

DA SILVA, José Afonso. *Curso de Direito Constitucional*. 26. ed. São Paulo: Malheiros, 2014.

DA SILVEIRA, Sérgio Amadeu. *Democracia e os Códigos Invisíveis*: como os algoritmos estão mudando comportamentos e escolhas políticas. São Paulo: Sesc São Paulo, 2019.

DE CARVALHO, Luis Gustavo Graninetti. *Direito de informação e liberdade de expressão*. Rio de Janeiro: Renovar, 1999.

DOCTOROW, Cory. The Curious Case of Internet Privacy. *MIT Tecnology Review*, 06 jun. 2012. Disponível em: https://www.technologyreview.com/2012/06/06/19572/the-curious-case-of-internet-privacy/. Acesso em: 04 jun. 2021.

DONEDA, Danilo Cézar. *Da privacidade à proteção de dados pessoais*. 2. ed. São Paulo: Thomson Reuters Brasil, 2019.

DONEDA, Danilo. *A proteção de dados pessoais nas relações de consumo*: para além da informação creditícia. Brasília, SDE/DPDC, 2010.

DONEDA, Danilo. Panorama histórico da proteção de dados pessoais. *In*: DONEDA, Danilo *et al*. (Orgs.). *Tratado de proteção de dados pessoais*. Rio de Janeiro: Forense, 2021.

DONEDA, Danilo. Princípios de proteção e dados pessoais. *In*: DE LUCCA, Newton; SIMAO FILHO, Adalberto; LIMA, Cintia Rosa Pereira de (Orgs.). *Direito e Internet III*: Marco Civil da Internet (Lei n. 12.965/2014). Tomo I. São Paulo: Quartier Latin, 2015.

EHRHARDT JÚNIOR, Marcos. Relação Obrigacional como processo na construção do paradigma dos deveres de conduta e suas consequências. *Revista da Faculdade de Direito da Universidade Federal do Paraná*, v. 56, 2012. Disponível em: http://dx.doi.org/10.5380/rfdufpr.v56i0.33494. Acesso em: 23 jul. 2021.

EHRHARDT JÚNIOR; Marcos. *Responsabilidade civil pelo inadimplemento da Boa-fé*. Belo Horizonte: Fórum, 2017.

FACEBOOK. Política de dados do Facebook. *Site do Facebook PT BR*. Disponível em: https://www.facebook.com/settings?tab=privacy. Acesso em: 07 fev. 2023.

FACHIN, Luiz Edson. *Direito Civil*: sentidos, transformações e fim. Rio de Janeiro: Renovar, 2015.

FACHIN, Luiz Edson. *Questões do direito civil brasileiro contemporâneo*. Rio de Janeiro: Renovar, 2008.

FACHIN, Luiz Edson. *Teoria crítica do direito civil à luz do novo Código Civil Brasileiro*. 3. ed. Rio de Janeiro: Renovar, 2012.

FACHIN, Luiz Edson. Transformações do direito civil brasileiro contemporâneo. *In*: RAMOS, Carmen Lucia; TEPEDINO, Gustavo. *Diálogos sobre direito civil*: construindo a racionalidade contemporânea. Rio de Janeiro: Renovar, 2002.

FADEN, Ruth; BEAUCHAMPO, Tom. *A history and theory of informed consente*. New York: Oxford University Press, 1986.

FEDERAL TRADE COMMISSION. *Data brokers*: a call for transparency and accountability. Disponível em: https://www.ftc.gov/system/files/documents/reports/data-brokers-call-transparency-accountability-report-federal-trade-commission-may-2014/140527databrokerreport.pdf Acesso em: 13 abr. 2020.

FERRAZ JÚNIOR, Tércio Sampaio. Sigilo de dados: o direito à privacidade e os limites à função fiscalizadora do Estado. *Revista da Faculdade de Direito*, São Paulo, v. 88, p. 439-459, 1993.

FILOMENO, José Geraldo Brito *et al*. *Código Brasileiro de Defesa do Consumidor*: comentado pelos autores do anteprojeto, Direito Material. 10. ed. Rio de Janeiro: Editora Forense, 2011.

FINN, Rachel; WRIGHT, David; FRIEDWALD, Michael. *Seven Types of Privacy*. Londres: Trilateral Research & Consulting, 2013.

FRAGOSO, Suely; RECUERO, Raquel; AMARAL, Adriana. *Métodos de pesquisa para internet*. Porto Alegre: Sulina, 2011.

FRANCO, Paulo Alves. *Lei Geral de Proteção de Dados comentada*. São Paulo: Imperium, 2020.

FRAZÃO, Ana. Fundamentos da proteção dos dados pessoais – Noções introdutórias para a compreensão da importância da Lei Geral de Proteção de Dados. *In*: FRAZÃO, Ana; TEPENDINO, Gustavo; OLIVA, Milena Donato. *Lei Geral de Proteção de Dados Pessoais e suas repercussões no Direito Brasileiro*. 1. ed. São Paulo: Thomson Reuters Brasil, 2019.

GOMES, Orlando. *Raízes históricas e sociológicas do código civil brasileiro*. São Paulo: Martins Fontes, 2003.

GOMES, Rodrigo Dias de Pinho. *Big data*: desafios à tutela da pessoa humana na sociedade da informação. Lumen Juris: Rio de Janeiro, 2019.

GOOGLE. Políticas de Privacidade do Google. *Site da Google PT-BR, seção Privacidade & Termos*. Disponível em: https://polices.google.com/privacy?h=pt-BR. Acesso em: 18 abr. 2021.

GRAU, Eros Roberto. *A ordem econômica na Constituição de 1988 (interpretação e crítica)*. 19. ed. São Paulo: Revista dos Tribunais. 2018.

GRINOVER, Ada Pellegrini; BENJAMIN, Antonio Herman Vasconcellos; FINK, Daniel Roberto *et al*. *Código de Defesa do Consumidor*: comentado pelos autores do anteprojeto. 10. ed. Rio de Janeiro: Forense Universitária, 2011.

GÜRSES, Seda. PETs and their users: a critical review if the potentials and limitations of the privacy confidentiality paradigm. *Identity in the information Society*, v. 3, p. 539-563, 2010. Disponível em: https://dx.doi.org/10.1007/s12394-010-0073-8. Acesso em: 21 jul. 2021.

HERRERA FLORES, Joaquín. *Teoria crítica dos direitos humanos*: os direitos humanos como produtos culturais. Rio de Janeiro: Lúmen Juris, 2009.

HINE, Christine. *Virtual Ethnography*. London: Sage, 2000.

IRTI, Natalino. L'età della decodificazione. *Diritto e Società*, n. 03-04, 1978.

KERR, Ian; BARRIGAR, Jennifer; BURKELL, Jacqelyn; BLACK, Katie. Soft surveillance, hard consente. *In*: KERR, Ian; STEEVES, Valerie; LUCOCK, Carole. *Lessons from the identity trail*: anonymity, privacy and identity in a networked Society. New York: Oxford University Press, 2009.

KIRKPATRICK, Marshall. Facebook's Zuckerberg Says The Age of Privacy Is Over. *NY Times*, 10 jan. 2010. Disponível em: https://archive.nytimes.com/www.nytimes.com/external/readwriteweb/2010/01/10/10readwriteweb-facebooks-zuckerberg-says-the-age-of-privac-82963.html?pagewanted=1&scp=1&sq=facebook%2520privacy&st=cse. Acesso em: 09 abr. 2020.

KOROBKIN, Russel. Pesquisa empírica em direito contratual: Possibilidades e problemas. *Revista de Estudos Empíricos em Direito*, v. 2, n. 1, p. 200-225, 2015. Disponível em: https://reedrevista.org/reed/article/view/49. Acesso em: 23 jul. 2021.

KRUMAY, B. KLAIR J. Readbility of Privacy Polices. *In*: SINGHAL A., VAIDYAL J. Data and Applications Security and Privacy XXXIV. Lecture Notes in Computer Science. *Springer International Publishing*, Cham 2020.

LARENZ, Karl. Tractado de Derecho Civil Alemán. *Revista de Derecho Privado*, Madrid, 1980.

LESSING, Lawrence. *Code and Other laws of cyberspace*. New York: Basic Books, 2006.

LIEMBERGER, Têmis. Informação em rede: uma comparação da lei brasileira de proteção de dados pessoais e o regulamento geral de proteção de dados europeu. *In*: MARTINS, Guilherme Guimarães; LONGHI, João Vitor (Orgs.). *Direito digital*: direito privado e internet. Indaiatuba/SP. Foco, 2019.

LIMA, Cíntia Rosa Pereira de; BIONI, Bruno Ricardo. A proteção dos dados pessoais na fase de coleta: apontamentos sobre a adjetivação do consentimento implementada pelo Artigo 7, incisos VIII e IX do marco civil da internet a partir da Human computer interaction e da Privacy by default. *In*: DE LUCCA, Newton; FILHO, Adalberto Simão; DE LIMA, Cíntia Rosa Pereira (Orgs.). *Direito e internet III*: marco civil da internet, lei n. 12.965/2014. São Paulo: Quartier Latin, 2015.

LLOYD, Ian. *Information Technology Law*. Oxford: Oxford University, 2017.

LÔBO, Paulo. A constitucionalização do direito civil brasileiro. *In*: TEPEDINO, Gustavo. *Direito civil contemporâneo*: novos problemas à luz da legalidade constitucional. São Paulo: Atlas, 2008.

LÔBO, Paulo. Direito à privacidade e sua autolimitação. *In*: JÚNIOR, Marcos Ehrhardt, LOBO; Patrícia Albuquerque. *Privacidade e sua compreensão no direito brasileiro*. Belo Horizonte: Fórum, 2019.

LÔBO, Paulo. *Direito Civil*: parte geral. 8. ed. São Paulo: saraiva, 2019b.

LONGHI, João Victor Rozatti. Marco Civil da Internet no Brasil: Breves considerações sobre seus fundamentos, princípios e análise crítica do regime de responsabilidade civil dos provedores. *In*: MARTINS, Guilherme Magalhães; LONGHI, João Victor Rozatti. *Direito digital*: direito privado e internet. Indaiatuba/SP: Foco, 2020.

MARQUES, Claudia Lima. *Contratos no código de defesa do consumidor*: novo regime das relações contratuais. São Paulo: Revista dos Tribunais, 2011.

MARQUES, Cláudia Lima. *Contratos no Código de Defesa do Consumidor*. 9. ed. São Paulo: Revista dos Tribunais, 2019.

MARQUES, Cláudia Lima; BENJAMIN, Antonio Herman Vasconcellos; BESSA, Leonardo Roscoe (Coords.). *Manual de direito do consumidor*. 8. ed. São Paulo: Revista dos Tribunais, 2017.

MARQUES, Claudia Lima; BENJAMIN, Antônio Herman Vasconcellos; MIRAGEM, Bruno. *Comentários ao Código de Defesa do Consumidor. Arts. 1º a 74*: Aspectos Materiais. 6. ed. São Paulo: Revista dos Tribunais, 2019.

MARQUES, Claudia Lima; MIRAGEM, Bruno. *O novo direito privado e a proteção dos vulneráveis*. São Paulo: Revista dos Tribunais, 2012.

MARQUESONE, Rosangela. *Big data*: técnicas e tecnologias para a extração de valor de dados. São Paulo: Casa do Código, 2016.

MARTINS-COSTA, Judith. *A boa fé no direito privado*: sistema e tópico no processo obrigacional. São Paulo: Revista dos Tribunais, 1999.

MARTINS-COSTA, Judith. *A Boa-fé no direito privado*: critérios para sua aplicação. São Paulo: Saraiva Educação, 2018.

MAYER, Jonathan; NARAYANAN, Arvind. Do not track: universal web tracking opt-out. *IAB Internet Privacy Worshop Position Paper*, p. 1-2, 2010. Disponível em: https://www.iab.org/wp-content/IAB-uploads/2011/03/jonathan_mayer.pdf. Acesso em: 17 jul. 2021.

MCDONALD, Aleecia M.; CRANOR, Lorrie Faith. The cost of reading privacy policies. *I/S: a jornal of law and policy for the information society*, v. 4, p. 543, 2008. Disponível em: https://lorrie.cranor.org/pubs/readingPolicyCost-authorDraft.pdf. Acesso em: 17 jul. 2021.

MCKENDRICK, Neil. *The consumer Society*. Bloomington: Indiana University Press, 1982.

MENDES, Laura Schertel. O direito fundamental à proteção de dados pessoais. *Revista de Direito do Consumidor*, 2011.

MENDES, Laura Schertel. *Privacidade proteção de dados e a defesa do consumidor*. São Paulo: Saraiva, 2014.

MENDES, Laura Schertel; DONEDA, Danilo. Marco jurídico para cidadania digital: uma análise do Projeto de Lei 5.276/2016. *Revista de Direito Civil Contemporâneo*, v. 9, p. 35-48, 2016. Disponível em: http://ojs.direitocivilcontemporaneo.com/index.php/rdcc/article/view/171. Acesso em: 21 jul. 2021.

MENEZES CORDEIRO, Antônio Manuel da Rocha e. *Da boa fé no direito civil*. Coimbra: Almeida, 2011.

Mercado brasileiro de big data e analytics fatura US$ 1,16 bi e já representa quase 50% da AL. *Computer World from IDG*, 21 de mar. 2017. Disponível em: https://computerworld.com.br/2017/03/21/mercado-brasileiro-de-big-data-e-analytics-fatura-us-116-bi-e-ja-representa-quase-50-da-al/. Acesso em: 14 dez. 2019.

MILLER, Arthur. *Assault on privacy*. Ann Arbor: University of Michigan, 1971.

MIRAGEM, Bruno. A Lei Geral de Proteção de Dados (Lei 13.709/2018) e o direito do consumidor. *Revista dos Tribunais*, v. 1009, p. 1-35, 2019. Disponível em: https://www.brunomiragem.com.br/wp-content/uploads/2020/06/002-LGPD-e-o-direito-do-consumidor.pdf. Acesso em: 21 jul. 2021.

MIRAGEM, Bruno. *Curso de Direito do Consumidor*. 6. ed. São Paulo: RT, 2016.

MIRAGEM, Bruno. O Direito do Consumidor como Direito Fundamental. *In*: MARQUES, Cláudia Lima; MIRAGEM, Bruno (Orgs.). *Doutrinas Essenciais de Direito do Consumidor Vol. II*. São Paulo: Revista dos Tribunais, 2010.

MIRANDA, Custódio da Piedade Ubaldino. *Contratos de Adesão*. São Paulo: Atlas, 2002.

MONTEIRO, Carina Villela de Andrade. Direito à Privacidade *versus* direito à Informação, Considerações sobre a possibilidade de órgãos públicos fornecerem a terceiros informações pessoas de agentes públicos. *Revista de Informações Legislativa*, a. 44, n. 143, p. 27-40, jan./mar. 2007.

MORAES, Maria Celina Bodin de. *Na medida da pessoa humana*: estudos de direito civil-constitucional. Rio de Janeiro: Renovar, 2010.

MULLIGAN, Deirder K; KING, Jennifer, Bridging the Gap between Privacy na Design. *University of Pennsylvania Jorunal of Constutional Law*, v. 14, n. 4, p. 989-1034, 2012. Disponível em: https://ssrn.com/abstract=2070401. Acesso em: 21 jul. 2021.

NERY, Maria Carla Moutinho. Se você gostou dê um like. *In*: JÚNIOR, Marcos Ehrhardt, LOBO, Patrícia Albuquerque. *Privacidade e sua compreensão no direito brasileiro*. Belo Horizonte: Fórum, 2019.

NISHIYAMA, Adolfo Mamoru. *A Proteção Constitucional do Consumidor*. 2. ed. São Paulo: Ed. Atlas S.A., 2010.

NISSENBAUM, Helen. *Privacy in Context*: Technology, Policy and the Integrity of Social Life. Stanford: Stanford University Press, 2010.

NOBREGA, Igor. Big techs lucraram mais de R$ 1,1 trilhão em 2020. *Poder 360*, 06 de fev. 2021. Disponível em: https://www.poder360.com.br/tecnologia/big-techs-lucraram-mais-de-r-11-trilhao-em-2020/. Acesso em: 23 jul. 2021.

NOVOTNY, Alexander; SPIEKERMANN, Sarah. Personal Information Markets and Privacy: A New Model to Solve the Controversy. *WI'2013, Leipzig*, p. 1-16, 2012. Disponível em: http://dx.doi.org/10.2139/ssrn.2148885. Acesso em: 21 jul. 2021.

NUNES DE SOUZA, Ana Lúcia. Análise de redes sociais on-line: um guia para iniciação teórica e prática. *Revista Matrizes*, v. 10, n. 2, p. 203-206, 2016. Disponível em: http://dx.doi.org/10.11606/issn.1982-8160.v10i2p203-20. Acesso em: 23 jul. 2021.

OBAR, Jonathan A.; OELDORF-HIRSCH, Anne. The Biggest Lie of the Internet: Ignoring the Privacy Policies and Terms of Service Polices of Social Networking Services. *Information, Commuunication & Society*, p. 1-37, 2018. Disponível em: http://dx.doi.org/10.2139/ssrn.2757465. Acesso em: 24 abr. 2021.

OLIVEIRA, Marco Aurélio Belizze; LOPES, Isabela Maria Pereira. Os princípios norteadores da proteção de dados pessoais no Brasil e sua otimização pela Lei 13.709/2018. *In*: FRAZÃO, Ana; TEPEDINO, Gustavo; OLIVA, Milena Donato. *Lei Geral de Proteção de Dados Pessoais e suas repercussões no direito brasileiro*. São Paulo: Thomson Reuters Brasil, 2019.

OLIVEIRA, Marco Aurélio Bellizze; LOPES, Isabela Maria Pereira. Os princípios norteadores da proteção de dados pessoas no Brasil e sua otimização pela Lei 13.709/2018. *In*: FRAZÃO, Ana; TEPENDINO, Gustavo; OLIVA, Milena Donato. *Lei Geral De Proteção De Dados Pessoas E Suas Repercussões No Direito Brasileiro*. 1. ed. São Paulo: Thomson Reuters Brasil, 2019.

PARISER, Eli. *O filtro invisível*: o que a internet está escondendo de você. Rio de Janeiro: Zahar, 2012.

PASQUALE, Frank. Rankings, reductionism, and responsibility. *Cleveland State Law Review*, v. 54, 2006.

PASQUALE, Frank. *The black box Society*: The secret algorithms that control money and information. Cambridge: Harvard University Press, 2015.

PASSOS, Priscilla Nogueira Calmon de. A Conferência De Estocolmo Como Ponto De Partida Para A Proteção Internacional Do Meio Ambiente. *Revista Direitos Fundamentais & Democracia*, v. 6, n. 6, 17 dez. 2009. Disponível em: http://revistaeletronicardfd.unibrasil.com.br/index.php/rdfd/article/view/18. Acesso em: 31 mar. 2020.

PERLINGIERI, Pietro. *O direito civil na legalidade constitucional*. Tradução: Maria Cristina de Cicco. Rio de Janeiro: Renovar, 2008.

PINHEIRO, Patrícia Peck. *Proteção de dados pessoais*: comentários à Lei n. 13.709/2018 (LGPD). São Paulo: Saraiva Educação, 2020.

PODESTÁ, Fábio Henrique. Direito à intimidade: liberdade de imprensa: danos por publicação de notícias. *In*: *Constituição Federal de 1988: 10 anos (1988-1998)*. São Paulo: Editora Juarez de Oliveira, 1999.

RÁO, Vicente. *O Direito e a vida dos direitos*. Anotado e atualizado por Ovídio Rocha Barros Sandoval. São Paulo: Revista dos Tribunais. 2013.

RECUERO, Raquel. *Redes Sociais na Internet*. 2. ed. Porto Alegre: Sulina, 2018.

RECUERO, Raquel; BASTOS, Marco; ZAGO, Gabriela. *Análise de redes para mídia social*. Porto Alegre: Sulina, 2015.

RECUERO, Raquel; BASTOS, Marco; ZAGO, Gabriela. *Análise de redes para mídia social*. Porto Alegre: Sulina, 2018.

REQUIÃO, Maurício. COVID-19 e proteção de dados pessoais: o antes, o agora e o depois. *In*: BAHIA, Saulo José Casali. *Direitos e deveres fundamentais em tempos de coronavírus*. São Paulo: IASP, 2020.

RIOS, JOSUÉ. *A defesa do consumidor e o direito como instrumento de mobilização social*. Rio de Janeiro: Mauad, 1998.

RIPERT, Georges. *A regra moral nas obrigações civis*. Campinas: Bookseller, 2009.

RODOTÀ, Stéfano. *A vida na sociedade da vigilância*: a privacidade hoje. Coord. Maria Celina Bodin de Moraes. Trad. Danilo Doneda e Luciana Cabral Doneda. Rio de Janeiro: Renovar, 2008.

RUARO, Regina Linden. Direito fundamental à liberdade de pesquisa genética e à proteção de dados pessoais: os princípios da prevenção e da precaução como garantia do direito à vida privada. *Revista do Direito Público*, v. 10, serie 2, 2015.

RUARO, Regina Linden; SARLET, Gabrielle Bezerra Sales. O direito fundamental à proteção de dados sensíveis no sistema normativo brasileiro: Uma análise acerca das hipóteses de tratamento e da obrigatoriedade do consentimento livre, esclarecido e informado sob o enfoque da Lei Geral de Proteção de Dados (LGPD) – Lei 13.709/2018. *In*: DONEDA, Daniel *et al*. (Orgs.). *Tratado de proteção de dados pessoais*. Rio de Janeiro: Editora Forense, 2021.

SAMPAIO, José Adércio Leite. *Direito à intimidade e à vida privada*: uma visão jurídica da sexualidade, da família, da comunicação e informações pessoais, da vida e da morte. Belo Horizonte: Del Rey, 1998.

SARLET, Ingo Wolfgang. *A eficácia dos direitos fundamentais*. 13. ed. Porto Alegre: Livraria do Advogado, 2018.

SARLET, Ingo Wolfgang. *O princípio da dignidade da pessoa humana e os direitos fundamentais*. 2. ed. Porto Alegre: Livraria do Advogado, 2015.

SILVA, Clóvis do Couto e. *A obrigação como processo*. Rio de Janeiro: FGV, 2006.

SILVA, José Afonso da. Aplicabilidade das normas constitucionais. 7. ed. São Paulo: Malheiros, 2008.

SILVA, José Afonso da. *Curso de direito constitucional positivo*. 37. ed. São Paulo: Malheiros, 2013.

SIMMEL, Georg; ROSEN, Jeffrey. *The unawanted gaze*. New York, Random House: 2000.

SODRÉ, Marcelo Gomes. *A construção do direito do consumidor*: um estudo sobre as origens das leis principiológicas da defesa do consumidor. São Paulo: Atlas, 2009.

SOLOVE, Daniel. *Understanding privacy*. Cambridge: Harvard University Press, 2008.

STRANDBURG, Katherine J. Frefall: The Online Market's Consumer Performance Disconnect. *NYU School of Law, Public Law resarch Paper*, v. 2013, p. 95-172, 2013. Disponível em: https://chicagounbound.uchicago.edu/cgi/viewcontent.cgi?article=1511&context=uclf Acesso em: 15 jul. 2021.

SUNDFELD, Carlos Ari. *Fundamentos de Direito Público*. 4. ed. São Paulo: Malheiros, 2009.

TEPEDINO, Gustavo. A tutela da personalidade no ordenamento civil-constitucional brasileiro. *Temas de direito civil*. Rio de Janeiro: Renovar, 2008.

TEPEDINO, Gustavo. As relações de consumo e a nova teoria contratual. *In: Temas de direito Civil*. Rio de Janeiro: Renovar, 2009.

TEPEDINO, Gustavo. TEFFÉ, Chiara Spadaccini de. Consentimento e proteção de dados pessoais na LGPD. *In*: FRAZÃO, Ana; TEPEDINO, Gustavo; OLIVA, Milena Donato. *Lei Geral de Proteção de Dados Pessoais e suas repercussões no direito brasileiro*. São Paulo: Thomson Reuters Brasil, 2019.

TEPEDINO, Gustavo; BARBOZA, Heloisa Helena; MORAES, Maria Celina Bodin de. *Código Civil interpretado conforme a Constituição da República*. 3. ed. Ver. e atual. Rio de Janeiro: Renova, 2014. V. I.

TOMASEVICIUS FILHO, Eduardo. *O princípio da boa-fé no Direito Civil*. São Paulo: Almedina, 2020.

VASCONCELOS, Fernando Antônio de. *Internet*: Responsabilidade do provedor pelos danos praticados. Curitiba: Juruá, 2004.

VOLPATO, Bruno. Ranking: as redes sociais mais usadas no Brasil e no mundo em 2022, com insights e materiais. *Resultados Digitais*, 23 maio 2022. Disponível em: https://resultadosdigitais.com.br/marketing/redes-sociais-mais-usadas-no-brasil/. Acesso em: 02 mar. 2023.

WACKS, Raymond. *Personal information*. Oxford: Claredon Press, 1989.

WEBER, Ricardo Henrique. *Defesa do Consumidor*: o direito fundamental nas relações privadas. Curitiba: Juruá, 2013.

WELLMAN, Barry; HAYTHORNTHWAITE, Caroline. *The Internet in everyday life*. Oxford, UK: Blackwell, 2002.

WITHMAN, James. *The two western cultures of privicy*: dignity versus liberty. 113 Yale La Journal, 2004.

WU, Tim. *Impérios da Comunicação*: do telefone à internet, da AT&T ao Google. Rio de Janeiro: Zahar, 2012. p. 244.

ZUBOFF, Shoshana. *The age of surveillance capitalism*: The fight for a human future at the new frontier of power. New York: Public Affairs, 2019.

Esta obra foi composta em fonte Palatino Linotype, corpo 10
e impressa em papel Pólen Bold 70g (miolo) e Supremo 250g
(capa) pela Artes Gráficas Formato.